«*Disciplina* no es una palabra popular en estos días. Pero los cristianos disciplinados son cristianos en crecimiento. De modo que si conoces a un joven que quiere crecer en la fe, hazle un gran favor y cómprale este libro».

> **Collin Hansen**, director editorial de *The Gospel Coalition*; autor de *Young, Restless, Reformed: A Journalist's Journey with the New Calvinists.*

«Para que un libro mantenga tu interés, es muy importante que capte el anhelo de tu corazón desde el principio. Este libro es relevante, teológico, culturalmente astuto y desafiante para el estudiante serio. Es un recurso para pastores y una herramienta para el discipulado de líderes laicos. Es de lectura obligatoria».

> **Steve Keels**, pastor de Ministerios Estudiantiles durante 32 años; pastor de la Próxima Generación en *Good Shepherd Community Church,* Boring, Oregon; autor de los libros *Truth Quest.*

«En una cultura masculina marcada por la apatía y la pasividad espiritual, este libro sirve como llamado claro a la disciplina con un solo propósito, a la pureza radical y al propósito del reino. Entretejiendo sabiduría bíblica e ilustraciones memorables de la historia y la cultura popular, *Disciplinas de un joven piadoso* proporciona una guía clara y convincente en cada página. Difícilmente puedo pensar en un libro más necesario para los hombres emergentes de la próxima generación».

> **David Setran**, profesor adjunto de Formación Cristiana y Ministerio en Wheaton College; autor de *The College "Y": Student Religion in the Era of Secularization*

«Este es un libro realmente incómodo. Puedo decir con sinceridad que he leído algo perturbador en cada página. Por lo tanto, estoy muy agradecido a Dios por esta gran ayuda para el objetivo primordial de nuestras vidas: la semejanza a Cristo. Léelo y arrepiéntete».

> **Rico Tice**, ministro adjunto en *All Souls Church*, Londres, Reino Unido.

I0869436

«Permíteme una advertencia. Puede que al principio te resulte difícil este libro, no porque sea difícil de leer, sino porque Kent Hughes y su hijo Carey Hughes muestran en la Biblia el alto estándar que Dios exige de tu joven vida. Está presentado de una forma simple y clara, capítulo a capítulo, disciplina a disciplina, y después te invitan a vivir la vida que Dios requiere. Por supuesto, los jóvenes australianos necesitarán imaginar a sus propios héroes en el primer capítulo; pero reconocerán a los héroes bíblicos en el capítulo 11; y, con suerte, reconocerán el amor y el poder del único Héroe —Jesucristo— cuando lean el capítulo final sobre la gracia. Asegúrate de leer este libro hasta el final».

Justin Moffatt, ministro principal, *St. Philip's, York Street Anglican*, Sídney, Australia.

«Este libro es una llamada de atención seria para los jóvenes que buscan seguir a Cristo. Con su tono directo y sus desafíos basados en el evangelio, es una introducción perfecta a las disciplinas espirituales para los jóvenes que aman a Jesús. Espero con ansias leer y estudiar este libro con nuestros chicos de secundaria».

Jon Nielson, pastor de secundaria, *College Church*, Wheaton, Illinois.

DISCIPLINAS DE UN JOVEN PIADOSO

R. KENT HUGHES y
W. CAREY HUGHES

PATMOS

Disciplinas de un joven piadoso

Publicado por Editorial Patmos,
Miramar, FL 33027.

Publicado originalmente en inglés por Crossway, 1300 Crescent Street, Wheaton, Illinois 60187, con el título *Disciplines of a Godly Young Man*

Traducido por Loida Viegas.
Diseño de portada e interior por Adrián Romano.

ISBN: 978-1-64691-420-3
ISBN: 978-1-64691-421-0 (eBook)

Categoría: Vida cristiana / Jóvenes.

Impreso en Brasil | *Printed in Brazil*

A la tercera generación:
Brian Emory, Graha, Thomas,
Elijah Hughes, Jonathan Bennet, Zachary Michael,
Micah Kent, Josiah Timothy

CONTENIDO

AGRADECIMIENTOS

Mi agradecimiento especial a Jonathan Carswell que leyó el manuscrito en su totalidad, hizo contribuciones sustanciales en la mayoría de los capítulos, y ayudó a adaptar el libro para un lectorado internacional. Asimismo, estamos agradecidos con Brian E. Hoch por la recopilación de las fuentes en línea junto con James Kinnard, director de marketing en Crossway.

Introducción

1

¡LA DISCIPLINA LO ES TODO!

Los que vieron «jugar» a Mike Singletary (All-Pro perenne, dos veces Jugador Defensivo del Año de la NFL, miembro del *Dream Team* de la Super Bowl XX y exentrenador jefe de los San Francisco 49ers), y observaron ojipláticos su intensidad y sus contundentes golpes de *samurái*, suelen sorprenderse cuando lo conocen. No es un gigante imponente. Mide 1'80 (6 pies) y pesa unos 100 kg (220 libras). ¿Cuál es la razón de su grandeza? *La respuesta es: ¡la disciplina intensa y con propósito!* Mike Singletary es tan disciplinado como cualquier otro estudioso del juego que haya jugado jamás.

En su autobiografía, *Calling the Shots*, [Tomando las decisiones], el entrenador Singletary comenta que al ver películas de los juegos, a menudo visionaba la misma jugada cincuenta o sesenta veces, y que le tomaba tres horas ver la mitad de un partido de fútbol americano, ¡que solo consta de 20 a 30 jugadas![1] Y es que él observaba a cada jugador, porque conocía mentalmente la tendencia del rival, considerando el *down*, la distancia, la marca de *hash* y el tiempo restante, y porque leía la mente del contrincante a través de sus posturas, a menudo se movía hacia el destino preplanificado del balón antes de que se desarrollara la jugada. El legendario éxito de Mike Singletary es un testimonio de su vida notablemente disciplinada.

La disciplina no gloriosa

La disciplina marca la diferencia en el mundo deportivo. Tiger Woods (antes de su caída moral) era, según todas las estimaciones, el mejor golfista de la última década. Quienes han visto videos de él haciendo malabares con una pelota de golf y su *driver,* para después golpear la pelota directamente en el aire para que descienda unos 180 m (200 yardas) por el *fairway* coinciden con asombro en esto. Pero este truco juguetón no era más que la punta de un enorme iceberg de disciplina durante toda su vida que comenzó a la edad de tres años: la disciplina de un hombre tan enfocado que una vez se negó a salir del hoyo de práctica hasta que una docena de sus *drives* se posaran sobre una toalla blanca en el lejano césped. El legendario Jack Nicklaus, el golfista más exitoso de todos los tiempos, bromeó en una ocasión: «Cuanto más practico, más suerte tengo». Las ocho (sí, has leído bien; ¡ocho!) medallas de *oro* de Michael Phelps en los Juegos Olímpicos de Pekín 2009 fueron el resultado de miles de horas y metros en la piscina del disciplinado… aburrimiento. ¡La gloria de un triple de Kobe Bryant que gana un partido de baloncesto sobre la bocina es la cúspide de una vida de disciplina sin gloria!

Matthew Sayed, en su *bestseller* internacional *Bounce: Mozart, Federer, Picasso, Beckham and the Science of Success* [Salta: Mozart, Federer, Picasso, Beckham y la ciencia del éxito], observa que el tiro libre característico de la superestrella británica David Beckham, con su trayectoria curva, empezó siendo niño, cuando llevaba su balón de fútbol a un parque del este de Londres y chutaba desde el mismo lugar durante horas, sin parar, perfeccionando el efecto que le proporcionaba a su lanzamiento esa devastadora caída. «Mi secreto es la práctica. Siempre he creído que si quieres lograr algo especial en la vida, tienes que esforzarte, esforzarte y esforzarte un poco más».[2] El icono canadiense Wayne Gretzky, considerado el mejor jugador de hockey sobre hielo de todos los tiempos, llegó a ser lo que es porque desde muy temprano disciplinó tanto su mente como su cuerpo para el juego rudo. De niño, trazaba sistemáticamente los ángulos del rebote del *puck,* y esto le permitió anticipar lo que iba a suceder sobre el hielo mejor que cualquier otro jugador en el partido. Cuando llegaba el disco, el «Gran Gretzky» ya estaba allí. Escucha cómo se autodescribe Gretzky: «No fui dotado por naturaleza en cuanto a tamaño y velocidad; todo lo que hice en el hockey me lo trabajé». Y también: «El mayor cumplido que me pueden hacer es decir que trabajé duro todos los días... Así llegué a saber dónde iría el *puck* antes de que llegara allí».[3]

Quizás hayas leído en la escuela que el famoso escritor Ernest Hemingway era un genio borracho e indisciplinado que se bebía un litro de whisky al día durante los últimos veinte años de su vida, pero que, sin embargo, tenía el «don» literario. En efecto, era un alcohólico impulsado por pasiones complejas.[4] Pero cuando se trataba de su talento para escribir, ¡era la esencia de la disciplina! Sus primeros escritos se caracterizaban por un perfeccionismo obsesivo mientras se esforzaba por desarrollar su estilo compacto, y se pasaba horas puliendo una oración o buscando la palabra exacta. Es bien sabido que reescribió el final de Adiós a las armas diecisiete veces en un esfuerzo por que fuera perfecto.[5] Incluso hacia el final, cuando Hemingway sufría las secuelas de su estilo de vida, se situaba cada día ante un escritorio improvisado desde las 6:30 de la mañana hasta el mediodía, marcando cuidadosamente su producción del día en una tabla. Su promedio era de solo dos páginas, quinientas palabras.[6] Fue la disciplina, la enorme disciplina literaria de Ernest Hemingway, su minuciosa economía de palabras, lo que transformó la forma de expresión de los angloparlantes de todo el mundo.

Las multitudes de bocetos de Miguel Ángel, Da Vinci y Tintoretto, la disciplina *cuantitativa* de su trabajo prepararon el camino de la asombrosa *calidad* de sus obras. Nos maravillamos con la perfección anatómica de una pintura de Da Vinci, pero olvidamos que Leonardo dibujó en ocasiones mil manos.[7] Miguel Ángel lo expresó con claridad: «Si la gente supiera cuánto tuve que esforzarme para lograr mi maestría no le parecería tan maravilloso».[8] En el siglo pasado, Matisse explicó su propia maestría, comentando que la dificultad de muchos que querían ser artistas consistía en que pasaban su tiempo persiguiendo modelos en lugar de pintarlos.[9] ¡De nuevo el factor de la disciplina!

Winston Churchill fue proclamado, con justicia, el orador del siglo, y pocos de los que escucharon sus elocuentes discursos estarían en desacuerdo. Menos serían aún quienes lo achacaran a otra cosa que a «un don innato». Pero la verdad es que Churchill hablaba con un molesto ceceo que lo convirtió en el blanco de muchas bromas y le impedía ser espontáneo al hablar en público. Sin embargo, se hizo famoso por sus discursos y sus observaciones aparentemente improvisadas.

De hecho, ¡Churchill lo escribía todo y ensayaba! Incluso coreografiaba las pausas y simulaba los tropiezos buscando la frase correcta. Los márgenes de sus manuscritos llevaban notas que anticipaban los «vítores», los «muy bien dicho», los aplausos prolongados e incluso las ovaciones en pie. Hecho esto, practicaba horas interminables ante los espejos, moldeando sus réplicas y sus expresiones faciales. F. E. Smith comentó: «Winston ha pasado los mejores años de su vida escribiendo discursos improvisados».[10] ¿Un don innato? Quizás. ¡Un hombre naturalmente disciplinado y trabajador!

Y así sucede en cualquier ámbito de la vida.

Thomas Edison inventó la bombilla incandescente después de mil fracasos.

> ¿Lo intentaste?
> ¿Fracasaste?
> No importa.
> Inténtalo de nuevo.
> Falla de nuevo.
> Falla mejor.
> SAMUEL BECKETT

Mozart acumuló tres mil quinientas horas de práctica antes de su sexto cumpleaños. Para cuando llegó a la adolescencia, había practicado diez mil horas. ¿Un prodigio? ¡Para nada! Su breve existencia de treinta y cinco años revela que fue uno de los compositores más trabajadores de la historia.[11] Jascha Heifetz, el mejor violinista del siglo XX, comenzó a tocar el violín a los tres años y pronto comenzó a practicar cuatro horas al día hasta su muerte, a los setenta y cinco años —cuando ya había sido el mejor del mundo durante mucho tiempo—, habiendo acumulado unas ciento dos mil horas de práctica.

Nunca llegaremos a lugar alguno en la vida sin disciplina, ya sea en las artes, los oficios, los negocios, los deportes o los estudios. Cualquiera que sea tu interés particular, ya sea natación, fútbol, baloncesto, tenis, surf, escalada, montar toros, motocross, ajedrez, matemáticas, informática, guitarra, sitar, escritura, poesía, pintura, no destacarás jamás sin una disciplina no gloriosa.

Esto es doblemente cierto en los asuntos espirituales. En otros ámbitos podemos reclamar alguna ventaja natural. Un atleta puede nacer con un cuerpo fuerte, un músico con un oído perfecto o un artista con ojo para la perspectiva. Pero ninguno de nosotros puede reclamar una ventaja espiritual natural. En realidad, todos estamos igualmente en *desventaja*. Ninguno de nosotros busca a Dios de manera natural.

Como afirmó el apóstol Pablo. «No hay un solo justo, ni siquiera uno; no hay quien entienda, nadie que busque a Dios. Todos se han descarriado; juntos se han corrompido. No hay nadie que haga lo bueno; ¡no hay uno solo!» (Ro. 3:10-12). Por consiguiente, como hijos de gracia, nuestra disciplina espiritual lo es todo; ¡todo! Lo repetimos: *la disciplina lo es todo en la vida cristiana.*

Alimento para el pensamiento

Este título, «Alimento para el pensamiento» aparecerá al final de cada capítulo de este libro, y debajo de él enumeraremos varias preguntas provocativas para fomentar tu reflexión y tu discusión. Pero aquí, al final del primer capítulo, hemos decidido no incluir dichas preguntas, sino pedirte que hagas dos cosas que te ayudarán a beneficiarte de la sólida enseñanza que sigue. Primero, tómate un tiempo al final de esta sección y ora para que Dios use cada uno de estos capítulos contundentes en tu vida. Si estás usando este libro para un grupo de estudio, tómate tiempo para orar unos por otros. A Dios le encanta escuchar a los hombres elevar esas oraciones, y le encanta responderlas.

En segundo lugar, comprométete a memorizar lo que señala 1 Timoteo 4:7–9, que es el mejor texto en la Biblia sobre la disciplina espiritual: «Ejercítate en la devoción pues, aunque el ejercicio físico trae algún provecho, la devoción es útil para todo, ya que incluye una promesa no solo para la vida presente, sino también para la venidera. Este mensaje es digno de crédito y merece ser aceptado por todos».

Por tanto, antes de pasar al capítulo siguiente, tómate unos instantes para empezar a memorizar las 46 palabras de este texto, y después pasa algún tiempo a solas con tu grupo, pidiéndole a Dios que te convierta en un hombre disciplinado y piadoso.

Pregunta/respuesta

¿Qué te ha dicho Dios de manera más específica y poderosa en este capítulo? ¡Habla con Él sobre ello ahora mismo!

2

LA DISCIPLINA PARA LA PIEDAD

Como vimos en el capítulo anterior, cualquiera que sea tu campo (indícalo tú), no llegarás a ninguna parte sin disciplina. Esto es doblemente así en los asuntos espirituales, porque nuestro pecado nos pone a todos en desventaja por igual. El hecho es: la disciplina lo es todo en la vida cristiana.

Siendo esto así, la declaración de Pablo a Timoteo respecto a la disciplina espiritual en 1 Timoteo 4:7, «ejercítate en la piedad», no solo adquiere una gran importancia, sino también una urgencia personal. Existen otros pasajes que enseñan sobre la disciplina, pero este es el texto más importante sobre este tema en las Escrituras. La palabra «ejercítate» proviene de la palabra griega *gumnos*, que significa «desnudo» y es la palabra de la que derivamos nuestro término gimnasio. En los concursos atléticos griegos tradicionales, los participantes competían sin ropa para no estar encumbrados. Por lo tanto, la palabra «ejercítate» tenía en origen el significado literal de «ejercitarse desnudo».[12] En la época del Nuevo Testamento se refería al ejercicio y el entrenamiento en general. Pero incluso entonces era, y es, una palabra con olor a gimnasio, el sudor de un buen entrenamiento. «Ejercítate, haz ejercicio, ¡entrena!, con el propósito de la piedad», transmite el sentido de lo que Pablo está diciendo.

Sudor espiritual

En una palabra, ¡Pablo está llamando a un esfuerzo espiritual! Así como los atletas se deshacían de todo y competían libres de cualquier cosa que pudiera agobiarlos, nosotros debemos deshacernos de todo peso, toda asociación, todo hábito y toda tendencia que impida la piedad. Si queremos sobresalir, debemos alcanzar una desnudez espiritual desgrasada. El autor de Hebreos lo explica de esta manera: «Por tanto, también nosotros que estamos rodeados de una nube tan grande de testigos, despojémonos de todo peso y del pecado que nos asedia y corramos con perseverancia la carrera que tenemos por delante» (He. 12:1). Chicos, no llegaremos a ningún lugar espiritualmente sin despojarnos de forma consciente de las cosas que nos retienen. ¿Qué cosas te están pesando? ¿Tus deseos? ¿Tus hábitos? ¿Tus atracciones? ¿Tus miedos? ¿Tu odio? ¿Tus amigos? ¿Tu novia? El llamado a la disciplina exige que los deseches. La pregunta es: ¿Eres lo suficientemente hombre para ello?

El llamado a ejercitarnos para la piedad también sugiere dirigir toda nuestra energía hacia ella. Pablo lo ilustra en otro lugar: «Todos los deportistas se entrenan con mucha disciplina. Ellos lo hacen para obtener una corona que se echa a perder; nosotros en cambio, por una que dura para siempre. Así que yo no corro como quien no tiene meta; no lucho como quien da golpes al aire. Más bien, golpeo al aire. Más bien, golpeo mi cuerpo y lo domino, no sea que después de haber predicado a otros, yo mismo quede descalificado (1 Co. 9:25–27). ¡Intenso sudor energético! Debemos notar que dos oraciones más tarde en este contexto del mandato de Pablo de «ejercitarte para la piedad», él comenta al respecto: «Porque para esto trabajamos y luchamos». El «nosotros» se refiere a Pablo y sus compañeros apostólicos. El apóstol veterano, marcado por la batalla, sobreviviente de suficientes dificultades para quebrar mil corazones, continuó hasta su muerte ejercitándose para la piedad. En griego, «luchar» es la palabra de la cual obtenemos «agonizar». Pablo entrenaba, agonizaba, sudaba por la piedad.

Cuando un hombre entrena seriamente, se somete por su propia voluntad a horas de disciplina e incluso dolor para ganar el premio, corriendo diez mil millas para correr la milla a su mejor nivel. Más aún, ¡la vida cristiana exitosa es una empresa sudorosa, a veces agonizante!

¡Sin hombría, no hay madurez! ¡Sin disciplina, no hay discipulado! ¡Sin gemidos, no hay crecimiento! ¡Sin entrenamiento, no hay triunfo!

¿Por qué las disciplinas?

Una vez entendido esto, llegamos ahora a la razón de este libro: en el mundo y la iglesia de hoy, los jóvenes cristianos disciplinados son la excepción, no la regla. ¿Por qué? La respuesta es que la cultura popular y políticamente correcta del nuevo milenio suprime la hombría, y de manera especial la hombría y el liderazgo de los jóvenes que intentan seguir a Cristo. Las razones son varias (el feminismo, el entretenimiento y el legalismo), y juntas son desalentadoras.

El feminismo

Durante la década de 1970, ciertas estrategas feministas iniciaron el llamado «Proyecto de la Niñez Femenina» con la intención de difuminar, e incluso borrar, la distinción entre hombres y mujeres. Según la autora y crítica social Barbara Defoe Whitehead, las feministas pedían «un nuevo estándar sexual basado en la infancia tradicional masculina. En sus juegos y actividades, las niñas debían ser más como los niños. Entre las élites culturales, una hija tradicionalmente femenina se convirtió en una leve vergüenza social, mientras que una hija marimacho y enérgica se convirtió en una fuente de orgullo».[13] El enfoque de «copiar a los chicos» se aplicó a toda la vida: a la sexualidad, al habla e incluso al tipo de cuerpo con el ideal de la marimacho de un cuerpo delgado y atlético. Junto con esto, los niños naturalmente activos y competitivos fueron penalizados por su comportamiento infantil, mientras que las niñas fueron alabadas por su dureza y su destreza atlética.[14]

En la actualidad, el efecto es una cultura que celebra un cuerpo femenino que se esculpe mediante el ejercicio y la dieta, para parecerse al de un hombre y, por convención, hablar como un hombre y actuar como un hombre. En medio de esta inversión cultural, un joven rudo, asertivo y disciplinado se considera una amenaza. Si un chico levanta la cabeza para tomar el control en una situación de género mixto, se le etiquetado de machista o cerdo sexista. Así, hay una generación de hombres jóvenes que han sido castrados y neutralizados en su rudeza y disposición naturales a someterse a las disciplinas que los convertirán en hombres de verdad. Y los jóvenes cristianos son particularmente susceptibles a ser amedrentados por la cultura, porque la disciplina para la piedad exige una dureza particular y una individualidad ruda en una cultura castrante y negadora de Dios.

El entretenimiento

El segundo culpable en la neutralización de los jóvenes es la adicción al entretenimiento. Un rostro iluminado por el resplandor de una pantalla luminosa es un estudio en pasividad. Imágenes fugaces, entremezcladas con los mil *banners* publicitarios con una visualización promedio de una semana, inculcan pasividad. No hay tiempo para el compromiso ni la reflexión, y mucho menos para la acción. El espectador se convierte en un zángano pasivo, que mastica y sorbe (según Webster: un abejorro macho sin aguijón que no recolecta miel). Hay chicos, voyeristas, que han sustituido la observación por la acción y se imaginan que han anotado un *touchdown* o que han conquistado una colina por haberlo visto, leyendas vivientes pasivas en sus propias mentes inertes.

El voyerismo sexual es una ilusión patética porque en él, la testosterona dada por Dios a un joven (destinada a infundir hombría) se convierte en un medio de esclavitud e impotencia. El voyerismo sexual roba la virilidad y la iniciativa de un hombre. La disciplina piadosa se convierte en un espejismo en retirada para el mirón. Y esto también se aplica a los millones que están bajo el dominio del mundo del juego (adictos a juegos como *WoW* o *Half-Life*), que mantienen a los jóvenes jugando hasta los treinta años, vestidos de sus pijamas de *La Guerra de las Galaxias*, guerreros en su imaginación. Aquellos esclavizados por el mundo del entretenimiento no alcanzarán jamás la hombría, una vida disciplinada para la piedad, una vida supervisada, instruida y energizada por el Hombre de todos los hombres, el Señor Jesucristo.

El legalismo

También existe otra razón por la cual algunos jóvenes, sobre todo aquellos criados en la iglesia, descuidan el llamado a la disciplina, y es el temor al legalismo. Para muchos hombres, la disciplina espiritual sugiere volver a ponerse bajo la ley con una serie de reglas inflexibles que nadie puede cumplir, leyes que traen frustración y muerte espiritual.

Pero nada podría estar más lejos de la verdad cuando se entiende qué es el legalismo y qué es la disciplina. La diferencia radica en la motivación: el legalismo es egocéntrico; la disciplina está centrada en Dios. El corazón legalista dice: «Voy a hacer esto para ganar puntos con Dios». El corazón disciplinado dice: «Voy a hacer esto porque amo a Dios y quiero complacerlo». ¡Hay una diferencia infinita entre la motivación del legalismo y el de la disciplina! Pablo lo sabía de manera implícita y luchó contra los legalistas sin dar un solo paso atrás en toda Asia Menor. Y ahora nos ordena: «Ejercítate [disciplina] para ser piadoso». Si confundimos el legalismo con la disciplina, lo hacemos en perjuicio de nuestras almas.

Chicos, lo que vamos a decir ahora procede directamente de nuestros corazones como padre e hijo. Este libro es intensamente práctico y fácil de usar. Por necesidad, es duro. No te dará cuartel porque la iglesia mundial necesita que los jóvenes sean hombres de verdad.

El llamado cósmico

No podemos enfatizar lo suficiente la importancia de este llamado a la disciplina espiritual. Escucha de nuevo a Pablo en 1 Timoteo

4:7–8: «Ejercítate [*¡esfuérzate!*] en la devoción pues, aunque el ejercicio físico trae algún provecho, la devoción es útil para todo, ya que incluye una promesa no solo para la vida presente, sino también para la venidera». Que nos hayamos disciplinado o no marcará una enorme diferencia *en esta vida*. Todos somos miembros los unos de los otros, y cada uno eleva o arrastra a los demás por la vida interior de cada uno. Algunos de nosotros afectamos a otros como una marea jubilosa, tirando de ellos para arriba, pero algunos de nosotros somos como corrientes subterráneas para el cuerpo de Cristo. Cuando te cases, la presencia o la falta de disciplina espiritual bendecirá o condenará a tus hijos y nietos. Por lo tanto, la disciplina espiritual tiene una gran promesa para esta vida presente.

En cuanto a *la vida venidera*, la disciplina espiritual construye la arquitectura perdurable de tu alma sobre el fundamento de Cristo, oro, plata y piedras preciosas, que sobrevivirán a los fuegos del juicio y permanecerán como un monumento a Cristo por la eternidad (1 Co. 3:10–15). ¡Algunos pueden minimizar la importancia de la disciplina espiritual ahora, pero nadie lo hará entonces! «La devoción es útil para todo» (1 Ti. 4:8). El cristiano disciplinado da y recibe lo mejor de ambos mundos, el presente y el venidero.

La mera mención de la palabra *disciplina* puede generar una sensación de restricción en algunas mentes, y sugerir una vida limitada y restringida. ¡Nada podría estar más lejos de la verdad! La disciplina obsesiva, casi maníaca, de Mike Singletary lo liberó para jugar como un loco en el campo de fútbol americano. La disciplina de toda la vida de Tiger Woods fue el fundamento para convertirse en el jugador más joven en ganar el Masters. Los miles de kilómetros náuticos de Michael Phelps lo convirtieron en el héroe de Pekín. La asombrosa ética laboral de Kobe Bryant hizo de él el mejor jugador de baloncesto del mundo. La impresionante disciplina de David Beckham lo liberó para «inclinarla» como ningún otro. La disciplina de Wayne Gretzky lo liberó para estar en el lugar correcto en el hielo en el momento adecuado y ser «el Gran Gretzky».

La angustia de Hemingway por encontrar la palabra correcta le dio la libertad de dejar huella en el idioma inglés, solo superado por Shakespeare. Los millares de millones de bocetos de los grandes del Renacimiento liberaron a Miguel Ángel para crear los cielos de la Capilla Sixtina. La esmerada preparación de Churchill le permitió fortalecer a Inglaterra para su «Hola más oscura» en medio del embate del Tercer Reich. La ardua disciplina de los grandes de la música liberó su genio. Y, hermanos jóvenes en Cristo, la *disciplina espiritual nos libera de la gravedad de esta era presente y nos permite elevarnos con los santos y los ángeles.*

¿Estamos cubiertos de sudor? ¿Entraremos al gimnasio de la disciplina divina? ¿Nos desharemos de las cosas que nos detienen? ¿Nos disciplinaremos a través del poder del Espíritu Santo? Te invitamos a actuar como hombre, dejar la palanca de control y ponerte a trabajar. Este es tu llamado al sudor santificador, al dolor y a la gran ganancia, para ser hombres, no niños. ¡Dios está buscando unos cuantos hombres buenos!

Alimento para el pensamiento

Reflexiona sobre el mandato en 1 Timoteo 4:7–9 («ejercítate en la devoción»). ¿Cuál es el significado literal de «ejercítate» aquí?

¿Qué suele interponerse en tu camino (Ro. 3:9–18)? ¿Qué efecto tiene la falta de disciplina espiritual en tu vida?

¿Por qué entrenarte para la piedad es tan liberador?

¿Qué nos llama a hacer Hebreos 12:1? ¿Qué cosas te están frenando en tu caminar con Dios?

¿Cómo difiere la *disciplina* espiritual del *legalismo*? ¿Cuál practicas más a menudo?

No llegarás a ningún lugar sin disciplina espiritual. ¿Verdadero o falso? «Sin hombría no hay madurez! ¡Sin disciplina no hay discipulado! ¡Sin sudor no hay santidad!». ¿Verdadero o falso? Si estás de acuerdo en que esto es cierto, ¿estás listo para aceptar el desafío?

Pregunta/respuesta

¿Qué te ha dicho Dios de manera más específica y poderosa en este capítulo? ¡Habla con él al respecto ahora mismo!

Las relaciones

3

LA DISCIPLINA DE LA PUREZA

¡Los chicos están obsesionados con el sexo! Vivimos en un mundo obsesionado con el sexo. Es crudo, es detallado y lo llevamos en la cara. Desde navegar por la web y pasar por los centenares de canales televisivos, hasta las chicas que pasan por delante de nosotros en minifalda y tops escotados, el sexo y su tentación nos rodean siempre. Los cristianos no son inmunes; no podemos escapar. Las tentaciones nos bombardean y, lamentablemente, muchos cristianos se han doblegado ante la presión.

Nos hemos convertido en algo parecido a la iglesia comprometida que encontramos en la Biblia llamada Corinto. Nuestra cultura se ha vuelto igual que entonces, cuando la gente cometía todo tipo de pecados sexuales. Encuentros de una noche, chicos manteniendo sexo con chicos, y chicas con chicas, lo que sea que estuviera sucediendo. ¡Los hombres incluso cometían incesto con la madre de sus esposas! Era horrible. Trágicamente, nuestro mundo hoy es similar.

Hoy, los chicos cristianos han sucumbido a la tentación y han renunciado a su pureza por unos momentos de placer. Conseguir lo que queremos, cuando lo queremos cómo lo queremos se ha convertido en nuestra prioridad, pero ha tenido un gran coste. Hemos sacrificado nuestra santidad, nuestra disciplina y nuestra obediencia. Nuestros amigos nos miran, ven que los cristianos no somos distintos a ellos, y desestiman el mensaje de un Dios que cambia vidas.

Pero, ¿por qué importa? ¿Por qué no podemos actuar simplemente como todos los demás? Importa porque ceder a la tentación sexual es, de lejos, el mayor obstáculo para la piedad entre los hombres hoy en día, y está causando estragos en la vida de muchos. La piedad y el pecado sexual son mutuamente excluyentes, como un desierto y un oso polar o un pez fuera del agua; sencillamente no puede suceder. Y si estás bajo el yugo del sexo y de la sensualidad, nunca alcanzarás la piedad. Si queremos «disciplinarnos [a nosotros mismos] con el propósito de la piedad», debemos comenzar por la disciplina de la pureza. ¡Debe haber algo de calor y de sudor sagrados!

Lecciones de un rey caído

¿Dónde debemos recurrir en busca de ayuda? El ejemplo más instructivo en toda la Palabra de Dios es la experiencia del rey David, tal como se relata en 2 Samuel 11.

Vida en la cima

Cuando comienza el relato, David está en la cima de su brillante carrera, tan arriba como cualquier hombre en la historia bíblica. Desde la infancia, había sido un amante apasionado de Dios y poseía una inmensa integridad de alma. El profeta Samuel declaró que «la gente se fija en las apariencias, pero yo me fijo en el corazón» (1 S. 16:7). Dios vio el corazón de David y le gustó lo que vio. Su corazón encerraba profundas convicciones y una valentía suprema, como demostró en todo el episodio con Goliat cuando se lanzó de cabeza contra el gigante y le atinó justo entre los ojos (1 S. 17:45–49).

David tenía una personalidad extrovertida que rebosaba de alegría, entusiasmo y confianza, y desbordaba carisma. Los hombres lo seguían. Era el gran poeta de Israel, tan en sintonía con Dios y consigo mismo que sus salmos siguen conmoviendo hoy a los hombres. Bajo su liderazgo, todo Israel había estado unido. David apenas parecía un candidato para el desastre moral. Pero el rey era vulnerable, ya que había defectos definidos en su conducta que lo dejaban expuesto a la tragedia.

Desensibilización

En 2 Samuel 5, donde se registra el ascenso de David como jefe principal de Jerusalén, menciona casi de pasada que «David tomó más concubinas y esposas de Jerusalén» (v. 13). Debemos comprender que el acto de David de tomar esposas adicionales fue pecado, y una violación directa de los mandamientos divinos para los reyes hebreos (Deuteronomio 17). Y además, multiplicar el número de sus esposas empezó a insensibilizarlo a su propio descenso de la santidad.

En resumen, aun siendo legal en la cultura cortesana de Oriente Medio y no considerarse adulterio entre los reyes del Este, que David reuniera un harén era pecado. Las indulgencias sensuales de David lo adormecieron al llamado sagrado de Dios en su vida, y también ante el peligro y las consecuencias de caer. Que David abrazara las sensualidades socialmente permitidas (múltiples esposas) lo insensibilizó al llamado de Dios y lo convirtió en una presa fácil para el pecado fatal de su vida.

Chicos, y en especial vosotros, los más jóvenes, son precisamente las sensualidades «legales», las indulgencias aceptables de la cultura, las que los llevarán a la perdición. Las largas horas navegando por la web y viendo televisión de manera indiscriminada, que no solo son culturalmente aceptables sino también lo que se espera de «los hombres», son los monstruos de un solo ojo de la desensibilización. La charla masculina esperada, con su doble sentido (palabras inocentes con significados maliciosos), su humor vulgar, sus risas ante cosas perversas, es el agente adormecedor mortal. Las sensualidades aceptables han debilitado a incontables hombres cristianos, como lo demuestran las estadísticas.

Un hombre que sucumbe al adormecimiento de las sensualidades «legales» está listo para caer.

La relajación

El segundo problema en el comportamiento de David, que hizo más probable el desastre sexual, fue su relajación respecto a la disciplina que había formado parte de su vida activa. David tenía alrededor de cincuenta años, y debido a que sus campañas militares habían sido tan exitosas, no era necesario que fuera personalmente a la guerra. David dejó el trabajo de «limpieza» a Joab, su competente general, mientras él se relajaba en casa. El problema era que su relajación no solo implicaba distenderse con un buen libro, jugar en su PS3 o salir a comer bien. La relajación de David se extendía a su vida moral. El rey era vulnerable.

David no sospechaba que algo inusual iba a suceder en ese día fatal. No se levantó y se propuso: «¡Vaya, qué día tan hermoso! ¡Creo que cometeré adulterio!». Que esta lección no se desperdicie en nosotros. Chicos, justo cuando pensamos que estamos más seguros, cuando nuestros problemas parecen resueltos, cuando no sentimos la necesidad de mantener nuestra guardia en alto, que no necesitamos fortalecer nuestra integridad, no necesitamos disciplinarnos para la piedad ¡es cuando llegará la tentación!

La fijación

Bien, es hora de tomar tu Biblia y leer solo unos versículos. Ve a 2 Samuel 11:1–3 y captarás la escena del gran error de David. Aquí tenemos el escenario: Había sido un día cálido y la tarde caía. El rey quizás estaba contemplando su reino mientras paseaba por la azotea del palacio; tal vez le habían preparado una parrillada, o tal vez estaba leyendo un libro. De cualquier manera, sus ojos divagaron y vieron a una mujer excepcionalmente hermosa bañándose sin pudor. Era joven, en lo que se suele llamar «la flor de la vida», y las sombras de la tarde la hacían aún más tentadora. El rey la miró, y siguió mirando. Después de la primera ojeada, David debería haber dado media vuelta y entrar en el palacio, quizás incluso haberse duchado con agua fría. Pero no lo hizo. Su *mirada* se convirtió en una larga *mirada lasciva* pecaminosa, y después en una *mirada* ardiente de mayor deseo. En ese momento, David, que había sido un hombre cuyo corazón agradaba a Dios, se convirtió en un hombre sucio, mirón y con una fijación lujuriosa que satisfaría a cualquier precio.

Dietrich Bonhoeffer, famoso por su discernimiento espiritual, hizo la observación de que en el momento en que la lujuria toma el control «Dios… pierde toda realidad… Satanás no nos llena de odio hacia Dios, sino de olvido de Dios».[15] ¡Qué sabiduría hay en esta declaración! Cuando estamos bajo el dominio de la lujuria, la conciencia de Dios se desvanece. Cuanto más tiempo miraba el rey David, menos real se volvía Dios para él. No solo se oscureció su conciencia de Dios, sino que David perdió la conciencia de quién era él mismo, de su llamado sagrado, de sus debilidades y las consecuencias seguras del pecado. ¡Esto es lo que hace la lujuria! Lo ha hecho millones de veces. Dios se desvanece ante los ojos lujuriosos.

Chicos, la verdad exige algunas preguntas serias: ¿Dios ha desaparecido de tu vista? ¿Lo viste alguna vez con intensidad, pero ahora su recuerdo está borroso como una fotografía antigua? ¿Hay en ti una fijación sexual que es lo único que puedes ver? ¿Ha desaparecido Jesús en la oscuridad detrás del resplandor xxx de tu monitor? ¿Es la lujuria lo más real en tu vida? Si es así, estás en graves problemas. Como veremos, algunos pasos decisivos son necesarios.

La racionalización

Con la mirada fija y prolongada, el rey David cayó en el siguiente nivel degradante, que es autoconvencerse de que echar un buen vistazo a esta mujer sexy no era tan malo. Cuando sus intenciones (de encontrarse con la chica) se hicieron evidentes para sus sirvientes, uno intentó disuadirlo, diciendo: «Se trata de Betsabé, que es hija de Elián y esposa de Urías el hitita» (2 S. 11:3). David no se dejó disuadir. Algo de racionalización retorcida tuvo lugar en la mente de David, tal vez muy similar a lo que sugirió Allan Petersen en *The*

Myth of Greener Grass [El mito de la hierba más verde]: «Urías es un gran soldado, pero probablemente no es muy buen esposo o amante, años mayor que ella, y estará fuera por mucho tiempo. Esta es una forma de ayudarla. Nadie saldrá herido. No estoy haciendo nada malo. No es lujuria, lo he experimentado muchas veces. Esto es amor. No es lo mismo que encontrar una prostituta en la calle. Dios lo sabe. Y al sirviente, "Tráemela a mí"».[16] La mente controlada por la lujuria tiene una capacidad infinita para la racionalización, y hasta para la racionalización piadosa.

La degeneración (el adulterio, las mentiras, el asesinato)

La desensibilización progresiva, la relajación, la fijación y la racionalización de David lo prepararon para una de las caídas más grandes de la historia y su degeneración. «Entonces David ordenó que la llevaran a su presencia y, cuando Betsabé llegó, él se acostó con ella. Después de eso, ella volvió a su casa. Hacía poco que Betsabé se había purificado de su menstruación, así que quedó embarazada y se lo hizo saber a David» (2 S. 11:4-5). David no era consciente de haber dado un paso al vacío y estar cayendo, y la realidad no tardaría en llegar; el fondo se acercaba con rapidez. Y no era un dibujo animado: cuando tocara el fondo no solo se produciría un golpe en la cabeza con pajaritos piando y revoloteando sobre él. Esto era algo grave, catastrófico y una carnicería permanente; y ya sabes cómo termina la historia, con asesinato y un encubrimiento.

Un año después, David se arrepentiría bajo la acusación contundente del profeta Natán. Pero las infortunadas consecuencias no se podían deshacer. El daño estaba hecho, el pecado cometido, y el reinado de David se fue cuesta abajo a partir de entonces, a pesar de su arrepentimiento. Su hijo con Betsabé murió, y su hermosa hija, Tamar, fue violada por su hermanastro Amnón. A este lo mató Absalón, el hermano de Tamar. Absalón llegó a odiar tanto a su padre, David, que lideró una rebelión bajo el consejo del abuelo resentido de Betsabé, Ahitofel. El reinado de David perdió la sonrisa de Dios. Su trono nunca recuperó su estabilidad anterior.

Chicos, debemos entender que David nunca habría echado más que una mirada fugaz a Betsabé si hubiera podido ver los resultados desgarradores. Creemos con todo nuestro corazón que pocos, si acaso alguno, se apartarían de la Palabra de Dios si pudieran ver lo que seguiría. El relato del trágico pecado y de la caída del rey David lo proporciona Dios y todos los hombres creyentes deben tomarlo en serio, como una advertencia sobre los factores humanos comunes que se repiten en una caída moral.

En el caso de David, una simple pero pecaminosa mirada llevó al adulterio, la mentira, el asesinato, la degeneración familiar y el declive nacional. Es posible que tu pecado no parezca tener consecuencias externas tan catastróficas, pero no te equivoques: tu pureza no es algo con lo que jugar. Este relato de David debería asustarnos hasta lo más profundo, y que nos anime a perseguir la disciplina de la pureza.

La voluntad de Dios: la pureza

Algunos cristianos creen que la pureza no es importante, siempre y cuando ames a la persona con la que te estás acostando, o siempre y cuando seas cuidadoso. Se comenta que el mandamiento de Dios de ser puro está desactualizado y que es demasiado estricto. Están totalmente equivocados. No está desactualizado ni es demasiado estricto. Es tal cual lo declara la Biblia. Mira esto en 1 Tesalonicenses 4:3–8:

> La voluntad de Dios es que sean santificados; que se aparten de la inmoralidad sexual; que cada uno aprenda a controlar su propio cuerpo de una manera santa y honrosa, sin dejarse llevar por los malos deseos como hacen los paganos, que no conocen a Dios. Y que nadie perjudique a su hermano ni se aproveche de él en este asunto. El Señor castiga todo esto, como ya hemos dicho y advertido. Dios no nos llamó a la impureza, sino a la santidad; por tanto, el que rechaza estas instrucciones no rechaza a un hombre, sino a Dios, quien da a ustedes su Espíritu Santo.

Si la lectura de este pasaje no basta para convencer sobre la ética bíblica, debemos entender que se basa en Levítico 19:2, donde Dios dice: «Sean santos, porque yo, el SEÑOR su Dios, soy santo», un mandamiento que se da en el contexto de advertencias contra la desviación sexual. También queremos señalar que en 1 Tesalonicenses se nos llama a evitar la inmoralidad sexual y se nos llama tres veces a ser «santos». Rechazar esto es pecar contra el Espíritu Santo, la presencia viva de Dios, como deja tan claro el pasaje de Tesalonicenses. Entonces, para un cristiano, rechazar la enseñanza de Dios sobre la pureza sexual es rechazarlo a Él, ¡y esto puede indicar una fe falsa!

La disciplina de la pureza

Como jóvenes cristianos, es esencial que vivamos vidas puras y piadosas, incluso cuando nuestros amigos en la escuela y la universidad no lo hagan. Debemos vivir por encima de las estadísticas alarmantes, o la iglesia se volverá cada vez más irrelevante e impotente, y nuestros hijos la abandonarán. La iglesia no puede tener poder aparte de la pureza. Esto exige que vivamos el mandato de Pablo: «Esfuérzate en ser piadoso»; ¡sudor sagrado!

Igual que convertirse en una estrella deportiva o en un gran músico, la pureza no se produce de manera simple. Desafortunadamente, no hay un «interruptor de pureza» que podamos encender y ¡*voilà*! ¡Somos puros! Ser puros, huir de los deseos pecaminosos de nuestros corazones, requiere trabajo duro y disciplina, y solo puede lograrse en la fuerza de Dios. Entonces, ¿qué puedes hacer para ayudarte a ti mismo? Aquí tienes algunos consejos, pero ten en cuenta que aquí es donde comienza realmente el trabajo arduo. Así que, ¡esperamos que estés listo!

La rendición de cuentas

Un lugar importante para comenzar con tu entrenamiento es la disciplina de la rendición de cuentas con un hermano en Cristo en quien confíes, y que te haga regularmente las preguntas difíciles sobre tu pureza y tu vida moral. Sí, nos referimos a las preguntas realmente difíciles como: ¿Qué estás viendo en Internet? ¿Y cómo te va con la lucha contra la masturbación? No estamos sugiriendo un Gran Hermano o FBI espiritual que esté ahí para atraparte o hacerte tropezar, sino otro hermano piadoso que se preocupa por tu alma y quiere que crezcas en santidad.

Sugerimos que sería ideal que fuera un hermano mayor y maduro, que pueda entender tu sensualidad de dentro hacia afuera: un hombre piadoso que tenga la experiencia y la sabiduría para lidiar de manera exitosa con estas luchas. También debe ser alguien con quien puedas ser completamente sincero, a quien puedas confesar tentaciones y atracciones sin sentir vergüenza, teniendo el conocimiento profundo de su cuidado y compromiso con tu bienestar espiritual. La rendición de cuentas necesita tres cosas: confianza total, sinceridad total y amor total.

Oh, sí, una cosa más: la consecuencia real. La rendición de cuentas que fomente el cambio en nuestras vidas aumentará su efecto deseado cuando esté vinculada con una consecuencia real. Si el único resultado de una relación de rendición de cuentas es la vergüenza de tener que informar a tu amigo de confianza por enésima vez de que «volviste a fallar», perderá su efecto. Carey cuenta esta historia de sus días de universidad. Un par de sus amigos cristianos decidieron mantenerse mutuamente responsables en relación con sus luchas individuales con la masturbación (a la que llamaban «pescar» para proteger su confidencialidad). Se preguntaban a diario: «¿Has pescado recientemente?». Si uno respondía «sí», el otro respondería algo como: «Bueno, voy a orar por ti» o «Deja de hacerlo». Con el tiempo, estas respuestas perdieron el efecto esperado. Finalmente, los dos jóvenes se dieron cuenta de que necesitaban alguna consecuencia para sus fallos. Así que acordaron que si uno confesaba la masturbación, saltaría una comida y oraría al respecto durante su ayuno. Esto acarreó un nuevo nivel de determinación y disciplina (a los chicos les gusta comer). Así que, al establecer una consecuencia simple (pero real) para sus fallos, cada uno comenzó a experimentar una victoria sistemática, aunque aún hubo algunos almuerzos perdidos.

La oración

Junto con esto viene la disciplina de la oración (más sobre esto en el capítulo 8). Ora cada día y de manera específica por tu propia pureza. Me asombra que tan pocos hombres que se preocupan por su vida dediquen algún tiempo en realidad a orar por esto. Enumera las oraciones de tus amigos y ruega por otros a este respecto. No esperes que te lo pidan. Ora por la pureza de tus amigos también. ¡Ellos lo necesitan tanto como tú!

La memorización

A continuación, llénate de la Palabra de Dios a través de la disciplina de la memorización. Esto es quizás algo que hacías, de niño, en la escuela dominical, pero tristemente lo has descuidado. Jesús es el ejemplo por excelencia en rechazar las tentaciones de Satanás con cuatro citas precisas de las Escrituras del Antiguo Testamento (Mt. 4:1-11). El salmista declaró: «¿Cómo puede el joven mantener limpio su camino? Viviendo conforme a tu palabra» (119:9). Y «En mi corazón atesoro tus dichos para no pecar contra ti» (119:11). Para sugerencias respecto a qué memorizas, ver www.GodlyYoungMan.org (disponible solo en inglés).

La mente

La disciplina de la mente es, por supuesto, el mayor de los desafíos (y lo explicaremos más a fondo en los capítulos 5 y 6). La Biblia presenta su disciplina con regularidad como una disciplina de los ojos. Hombres, es imposible que mantengan una mente pura si son «teleadictos», si son televidentes asiduos, si navegan por Internet y hojean revistas. En una semana verán más asesinatos, adulterios y perversiones de las que nuestros abuelos leyeron en toda su vida. En lugar de llenar su mente con basura, deben llenarla con lo bueno, con la Palabra de Dios.

Aquí es donde se requiere la acción más radical. Jesús avisó: «Y si tu ojo te hace pecar, sácatelo. Más te vale entrar tuerto en el reino de Dios que ser arrojado con los dos ojos al infierno» (Mr. 9:47). ¡Ningún hombre que permita que películas y juegos con clasificación R o revistas de pornografía «suave» llene su mente a través de la vista escapará de la sensualidad! Está jugando con fuego y se quemará.

Amigos míos, pongámonos serios: si navegar en busca de pornografía o coquetear en salas de chat es una tentación para ustedes, elimínenlo. Deshánganse de su Internet o al menos instalen un programa de responsabilidad en él. (Incluso si es un consumidor de recursos, vale la pena.) Si están viendo películas obscenas tarde en la noche en la televisión, tiren su televisor a la basura. Es mejor vivir sin televisión que dejar que el pecado domine su vida.

Job, un hombre en la Biblia que seguía a Dios, declaró algo que es de gran ayuda hoy: «Yo había convenido con mis ojos no mirar con lujuria a ninguna mujer joven» (Job 31:1). ¿Cómo crees que viviría Job en nuestra cultura de hoy? Él entendió la sabiduría de Proverbios: «¿Puede alguien echarse brasas en el pecho sin quemarse la ropa?» (Pr. 6:27). Hombres, el pacto de Job prohíbe una segunda mirada. Significa tratar a todas las mujeres con dignidad, mirándolas con respeto. Si su vestido distrae tu atención, ¡mírala a los ojos y a ningún otro sitio, y quítate de en medio tan rápido como puedas!

La mente también incluye la lengua. Trataremos esto más ampliamente en el capítulo 9. Pero también debe señalarse aquí: debemos ser despiadados. Como indica Pablo: «Entre ustedes ni siquiera debe mencionarse la inmoralidad sexual, ni ninguna clase de impureza, ni de avaricia, porque esto no es propio del pueblo santo de Dios. Tampoco debe haber obscenidades, ni conversaciones necias, ni chistes groseros, que están fuera de lugar; sino más bien, acciones de gracias» (Ef. 5:3–4). No debe haber humor sexual, vulgaridades ingeniosas ni groserías, como tantos jóvenes tienden a permitirse para mostrar que están en onda y no están «fuera de lugar».

Los límites

¡Caballeros, pongan límites disciplinados en su vida! Como regla general, no se vuelvan verbalmente íntimos con las mujeres. No abran su corazón a una conocida ni le cuenten sus problemas.

Aunque podamos querer aprovechar un oído atento, esto es algo demasiado íntimo y peligroso. Ustedes pueden sentirse bien, y ellas pueden entenderlos mejor que sus demás amigos varones, pero las chicas pueden malinterpretarlo con frecuencia. Su apertura puede llevarlas a pensar que hay algo más que amistad entre ustedes. La intimidad es una gran necesidad en la vida de la mayoría de las personas, y hablar con chicas sobre asuntos profundamente personales, en especial sobre los problemas, puede satisfacer una necesidad de intimidad y despertar un deseo de mucho más.

A nivel práctico, no toques. En vez de pensar hasta dónde puedo llegar, piensa lo lejos que puedo estar. Esto no es lo que la mayoría de los chicos de tu calle recomendarían, pero es lo mejor. No trates a las chicas con el afecto casual que extiendes a las mujeres de tu familia. Incluso puedes tener que correr el riesgo de ser considerado «frío» o «distante» por algunas mujeres, pero hazlo porque vale la pena.

No pases tiempo a solas en privado con una chica. Esto puede ser incómodo o parecer extraño en la cultura de hoy, pero si alguien lo cuestiona, te dará la oportunidad de explicar tu razonamiento, lo que, más a menudo de lo que se piensa, generará respeto en lugar de rechazo. Nunca flirtees, ni siquiera en broma. El coqueteo es halagador. Puedes pensar que estás siendo adorable, pero puede ser un estímulo y despertar deseos peligrosos.

La realidad

Se realista sobre tu sexualidad. No te engañes a tí mismos con tonterías ridículas sobre ser un cristiano lleno del Espíritu que «nunca haría tal cosa». Recuerdo bien a un hombre que, indignado, clamaba que estaba por encima de semejante pecado. ¡Cayó en pocos meses! Afronten la verdad: el rey David cayó, ¡y ustedes también pueden hacerlo!

La consciencia divina

Por último, está la disciplina de la consciencia divina, es decir, ser completamente conscientes de que son hijos de Dios y de que Él siempre está con ustedes. Esto es lo que sostuvo a José ante las tentaciones de la esposa de Potifar. «¿Cómo podría yo cometer tal maldad y pecar así contra Dios?», exclamó (Gn. 39:9), y huyó de ella tan rápido como pudo. «Huye de las malas pasiones de la juventud, y esmérate en seguir a justicia, la fe, el amor y la paz, junto con los que invocan al Señor con un corazón limpio» (2 Ti. 2:22).

Hermanos, la intensidad de la tentación sensual nos está golpeando y muchos cristianos han sucumbido. Las estadísticas lo demuestran. Para no ser parte de esos números tiene que haber un esfuerzo disciplinado. Como hijos de Dios, ¿somos lo bastante hombres?

Alimento para el pensamiento

¿Cuáles son algunas de las formas comunes en que los hombres racionalizan/justifican su sensualidad y su pecado sexual? Enumérenlas. ¿Convencerá alguna de ellas a Dios para que les dé el «visto bueno»?

El pastor Bonhoeffer dice que cuando estamos bajo el dominio de la lujuria, la realidad de Dios se desvanece de nuestras mentes llenas de deseo, de modo que estamos llenos de «olvido de Dios». Cuando esto sucede, lo más «real» en la vida de un hombre se convierte en su lujuria. ¿Cuál ha sido tu experiencia al respecto?

¿Es 1 Tesalonicenses 4:3-8 demasiado limitado para considerarse vinculante para los jóvenes cristianos de hoy? ¿Por qué o por qué no? Si no es así, ¿cómo podemos poner en práctica este pasaje en nuestras vidas para fortalecernos contra la inmoralidad sexual?

De las siete disciplinas enumeradas al final de este capítulo, ¿cuál necesitas más en tu vida?

Pregunta/respuesta

¿Sobre qué te ha hablado Dios de forma más específica y con mayor poder en este capítulo? ¡Habla con Él al respecto ahora mismo!

Recursos

Recursos para la disciplina de la pureza disponibles en www.GodlyYoungMan.org (solo en inglés):

- Enlaces a sitios web sobre pureza en línea.

4

LA DISCIPLINA DE LA AMISTAD

Los buenos amigos pueden ser difíciles de encontrar. Quizás lo sabes por haber cambiado de escuela o por haberte mudado a una nueva zona. Sin duda conoces a mucha gente, pero encontrar a alguien con quien realmente «hacer *clic*» no es fácil. Los amigos verdaderamente buenos pueden ser aún más difíciles de conseguir. Puedes tener varios cientos de «amigos» en Facebook, montones de seguidores en Twitter y estar en los círculos de todos en Google+, pero amigos cercanos con quienes puedas ser totalmente sincero y abierto, eso ya es otra cosa.

Por naturaleza, a los chicos no se les da tan bien hacer amigos como a las chicas. Nuestras amistades suelen girar típicamente en torno a las actividades, mientras que nuestra contrapartida femenina puede sobrevivir sin hacer nada en particular. Podemos pasar horas juntos, jugar con una PS3 y casi no hablar en absoluto, mientras que las chicas pueden sentarse y charlar durante horas y horas. Nuestra «entidad masculina» natural no permite revelar sentimientos o debilidades, mientras que para las chicas son cosas que salen a la luz de manera natural. Nosotros entendemos las amistades en su mayoría como conocidos que fuimos encontrando por el camino y no como relaciones.

No obstante, las amistades son algo bueno y deberíamos esforzarnos por hacer y mantener buenos amigos. Dios nos los da; son un regalo Suyo. ¿Recuerdas que poco después de que Dios creara a Adán describió algo en su creación como «no bueno»? Era que Adán estuviera solo (Gn. 2:18). Aunque esto se relaciona directamente con la creación de Eva, indica algo sobre la naturaleza humana.

Tal vez estés leyendo esto, y pensando: «Bueno... no tengo muchos amigos y, por tanto, creo que este es un capítulo que me puedo saltar». Por otra parte, podrías pensar: «Ah, este me lo salto; tengo montones de amigos». Aunque sientas la tentación, no pases este capítulo por alto. Dios nos ha hecho para que estemos en una relación de amistad. Los amigos no son extras opcionales, y por ello es vital que construyamos amistades disciplinadas.

Una gran amistad

Si alguna vez hubo un «hombre entre todos los hombres» ese fue Jonatán; y si alguna vez hubo un hombre que sintió la necesidad de un amigo, fue Jonatán. La dominación de los filisteos sobre Israel en aquellos días era tan completa que no permitían que hubiera herreros en la tierra por temor a que fabricaran espadas y lanzas para los israelitas. De hecho, solo había dos espadas en toda la nación, la del rey Saúl y la de su hijo Jonatán.

Todo Israel estaba sumido en una oscura niebla de depresión y desesperanza, todos, excepto Jonatán. Él veía las cosas de manera diferente. Creía que si era la voluntad de Dios lo quería, Israel podría ser salvado, incluso con unos pocos. Mientras otros miraban hacia abajo, él miraba hacia arriba y veía a un Dios grande y glorioso que podía librarlos en cualquier momento que Él considerara adecuado.

Armado con esta convicción y su espada, Jonatán y su escudero atacaron solos a todo un destacamento filisteo. Sus palabras escalofriantes lo dicen todo: «Vamos a cruzar hacia la guarnición de esos paganos. Espero que el Señor nos ayude, pues para él no es difícil salvarnos, ya sea con muchos o con pocos» (1 S. 14:6).

Seguro de que Dios los entregaría en sus manos, Jonatán lanzó un asombroso ataque en solitario. Fue cuerpo a cuerpo, hombre a hombre. La sangre corría hasta el polvo y los huesos blancos brillaban bajo el sol mientras Jonatán rebanaba y golpeaba atacante tras atacante, hasta que veinte filisteos yacieron esparcidos sobre medio acre teñido de carmesí. Jonatán, cubierto de sangre, ¡era un tipo duro!

Los actos heroicos de Jonatán infundieron ánimo a su pueblo y desató una rebelión, y fueron días mejores para Israel. Pero con el pecado y el rechazo posteriores del rey Saúl, Israel cayó en una etapa más oscura aún que antes (caps. 15-17), y Jonatán se sintió más solo que nunca. Incluso su gran corazón se vio afectado, y tembló ante Goliat. Pensó que no había nadie de mente similar a la suya hasta que conoció a David. Jonatán no podía creer lo que oía cuando David desafió al gigante:

> Tú vienes contra mí con espada, lanza y jabalina, pero yo vengo a ti en el nombre del Señor de los Ejércitos, el Dios de los escuadrones de Israel, a quien has desafiado. Hoy mismo el Señor te entregará en mis manos; y yo te mataré y te cortaré la cabeza. Hoy mismo echaré los cadáveres del ejército filisteo a las aves del cielo y a las fieras del campo, y todo el mundo sabrá que hay un Dios en Israel. Todos los que están aquí reconocerán que el Señor salva sin necesidad de espada ni de lanza. La batalla es del Señor y él los entregará a ustedes en nuestras manos (1 S. 17:45-46).

Entonces David corrió a toda velocidad hacia Goliat y la pedrada lo alcanzó justo entre los ojos. David, sostenía la gran cabeza que chorreaba sangre mientras conversaba tranquilamente con el padre de Jonatán, Saúl. ¡Jonatán había encontrado por fin a alguien cuyo corazón estaba en sintonía con el suyo, un amigo!

Lo que siguió fue una gran amistad, una de las amistades más célebres del mundo. Podemos aprender mucho de estos dos chicos que amaban a Dios, se amaban entre sí y, como resultado, tuvieron una gran amistad. Cuando unos hombres que confían en Dios se unen en una fe común, se produce una conexión como ninguna otra. Aunque de manera natural no elegirías al otro como amigo, por tu conexión en Jesús estás más unido de lo que estarías con otro que no fuera creyente.

La conexión de la amistad

El factor clave en esta amistad fue una profunda conexión de sus almas; esto significa que se entendían en todo. Su amistad iba más allá de apoyar al mismo equipo deportivo o gustarles la misma comida. ¡Era profunda! Como señala claramente el relato, después de que David «terminó de hablar con Saúl, conoció a Jonatán, el hijo del rey. De inmediato se creó un vínculo entre ellos» (1 S. 18:1, NTV). Jonatán vio que David veía la vida desde la misma perspectiva (Dios es el jefe soberano y hace lo que le place, y toda la vida debe vivirse para Él). Y cuando vio esto, su alma se unió automáticamente a la de David. ¡Había conocido a un hombre cuyo corazón latía al unísono con el suyo!

Es lo que ocurre con las amistades profundas. No es que los amigos piensen igual en todo. A menudo es más bien lo contrario. Pero sí comparten las mismas creencias importantes y el enfoque de la vida. Y por esta razón una amistad cristiana excede cualquier otra que exista entre los que no son creyentes, porque está fundada en una conexión sobrenatural del alma. Lo sabrás cuando ocurra, y es maravilloso.

El amor de la amistad

Esta conexión de almas va seguida de amor, como indica la siguiente línea de la Biblia: «Jonatán amó a David como a sí mismo» (1 S. 18:1). Esta es una declaración asombrosa por su inmediatez. No era un amor pasajero ni un amor romántico, ni siquiera un amor como el que sentimos por la mantequilla de cacahuetes. Era profundo. No se desarrolló en un mes, ni siquiera en un día, sino en un instante. Fue porque el ardiente corazón de Jonatán resonaba profundamente con el alma incendiaria de David: «¡Por fin he encontrado a otro que vive como yo!».

El compromiso de la amistad

A la sorprendente conexión del alma de Jonatán y la inmediatez de su amor siguió un intenso compromiso: «Jonatán hizo un pacto solemne con David, porque lo quería como a sí mismo. Jonatán se quitó el manto que llevaba puesto y se lo dio a David; también le dio su túnica y aun su espada, su arco y su cinturón» (1 S. 18:3-4).

Recuerda quién era Jonatán: el hijo del rey. Pero aquí está, de pie en ropa interior mientras David, el pastor, viste el manto del príncipe y empuña su espada. Jonatán estaba simbolizando que los dos ahora eran iguales. Quería honrar a su amigo y, al hacerlo, se hizo muy vulnerable. El gran gesto de Jonatán significaba: «Mi vida por la tuya», y lo decía en serio.

Las amistades más profundas tienen en común este deseo de convertir a la otra persona en realeza. Trabajan y se regocijan en la elevación y logros del otro. No hay zancadillas en tales amistades ni deseos de manipular o controlar, ni celos ni exclusividad, tan solo un deseo de lo mejor para el otro. Dostoyevski tenía esta idea cuando escribió: «Amar a alguien significa verlo como Dios ha pretendido que fuera». ¿Tienes la gran fortuna de tener un amigo tan profundo? Hombres, ¿somos creadores de reyes?

La lealtad de la amistad

Jonatán fue totalmente leal a David. Esto es asombroso porque su padre, Saúl, le recordaba (sin duda más de una vez): «Mientras el hijo de Isaí viva en esta tierra, ¡ni tú ni tu reino estarán seguros!» (1 S. 19:4) y, en una ocasión, incluso persuadió a su padre para que hiciera un juramento de no hacer daño a David (un juramento que Saúl no cumplió).

La lealtad es indispensable para la supervivencia de la amistad. ¿Cuántas amistades que una vez fueron excelentes se han desvanecido debido a conversaciones desleales? Blaise Pascal, en un momento cínico, lo expresó claramente: «Si todos los hombres supieran lo que otros dicen de ellos, no habría cuatro amigos en el mundo». Sí, hay mucha deslealtad por la espalda entre quienes parecen amigos en este mundo, pero no entre Jonatán y David ni entre todos los amigos de verdad. Hombres, jóvenes, la lealtad es vital para que una amistad prospere.

El estímulo de la amistad

La constante huida del asesino Saúl produjo momentos difíciles para David. Por ejemplo, cuando salvó al pueblo de Dios de ser invadido por los filisteos, se enteró de que este mismo pueblo al que acababa de salvar estaba conspirando para entregarlo a Saúl, incluso después de todo lo que había hecho por ellos, así que huyó desalentado. Se sentía como basura y estaba terriblemente desanimado. Pero Jonatán vino a su rescate: «Jonatán, hijo de Saúl, fue a ver a David en Hores y lo animó a seguir confiando en Dios» (1 S. 23:16). ¡Qué amigo! «En todo tiempo ama el amigo, y un hermano nace para tiempos de angustia» (Pr. 17:17). El ánimo de Jonatán fue más que un «todo va a ir bien». Jonatán fortaleció la mano de David en Dios, orientándolo a la impresionante visión de Dios que le había permitido derrotar a Goliat.

El apóstol Pablo experimentó un consuelo similar por parte de su amigo Tito: «Pero Dios, que consuela a los abatidos, nos consoló con la llegada de Tito… lo cual me llenó de alegría» (2 Co. 7:6-7). Este es el «Toque de Tito»: el toque dorado de un amigo que alienta.

Al examinar los elementos de la profunda amistad entre Jonatán y David, *la conexión, el amor, el compromiso, la lealtad y el ánimo,* hemos visto que provienen en gran parte de Jonatán. Pero no permaneció unilateral. Los repetidos compromisos fraternales comenzaron a marcar la amistad de estos dos hombres. El punto culminante de su compromiso fue su promesa mutua de cuidar a la familia del otro, en caso de que uno de los dos muriera (1 S. 20:14-17): «Yo cuidaré de la tuya, y tú cuidarás de la mía». Vincularon sus vidas y las de sus hijos.

Más tarde, cuando reafirmaron sus promesas, «David lloró más» (1 S. 20:41, RVR1960). Parece que la amistad de Jonatán había llevado a David a alturas inesperadas de devoción. La amistad masculina ha alcanzado el cielo cuando los hombres se hacen estas promesas el uno al otro.

La disciplina de la amistad

Hoy en día es difícil encontrar buenos amigos. Sin embargo, para los hombres cristianos, las amistades profundas y las amistades en general (buenas amistades y amistades casuales) están disponibles si realmente las deseamos y si nos esforzamos en las disciplinas de la amistad.

La oración

Hombres, debemos orar específicamente por la ayuda de Dios para convertirnos en el tipo de personas que valoran la amistad y que desean hacer de otros reyes. Y debemos orar por la oportunidad de desarrollar amistades. Este tipo de peticiones pueden no ocurrir en la mente de la mayoría de los hombres, pero son oraciones que Dios se deleita en responder porque las buenas amistades nos animan en el camino hacia la piedad. ¿Necesitas buenas amistades? La oración es el lugar por donde empezar.

La amabilidad

Un granjero sabio y anciano trabajaba junto al camino cuando una familia que se mudaba a un pueblo cercano se detuvo y le preguntó si ese pueblo era «amistoso». El granjero respondió que, en realidad, no podía precisarlo. Pero las personas insistieron en obtener una respuesta, así que les preguntó cómo era el pueblo del que venían. Contestaron que era terrible: la gente era grosera y de mente cerrada. El anciano granjero respondió: «Es exactamente lo que encontrarás en este pueblo». ¡Así es!

Ya sea que hagamos amigos con facilidad o no, necesitamos esforzarnos en ser amigables. Debemos ser amables, alegres y mostrar suficiente interés en los demás para hacer preguntas. Necesitamos ponernos en situaciones donde se desarrollen amistades. ¿Asistes regularmente a la iglesia o al grupo de jóvenes de tu iglesia? ¿Participas en los retiros de fin de semana o no te molesta ir? ¿Solo apareces, escuchas y te vas? ¿Alguna vez te ofreces como voluntario para ayudar en la planificación y organización de eventos? Si no, tienes que resolverlo.

La afirmación

Si nos esforzamos en alentar y apoyar a los demás, desarrollaremos amistades. Mark Twain dijo: «Puedo vivir dos meses con un cumplido». ¡Tenía razón! Un comentario amable o una nota alentadora perduran y pueden ser el comienzo de una amistad. Nos gustan las personas a las que les gustamos y nos agrada estar con ellas. Los cumplidos tienen un gran poder de permanencia. Sé generoso con afirmaciones sinceras y encontrarás amigos.

Escuchar

Más aún, hombres, si se toman el tiempo de ser buenos oyentes, desarrollarán amistades. El dicho «La elocuencia está con la audiencia» no solo es cierto en la oratoria pública, sino también en la conversación cotidiana. ¡Escucha bien y te considerarán un conversador «brillante»! Escuchar es algo magnético y misterioso, una fuerza creativa. Los amigos que nos escuchan son aquellos hacia quienes nos movemos. Y si escuchamos a los demás, ellos se acercarán a nosotros.

La aceptación

La vida está llena de pequeños rechazos: sonrisas sarcásticas, insinuaciones, silencios incómodos, ambientes de clubes exclusivos, de modo que muchos hombres pasan sus días a la defensiva. Si nos disciplinamos para aceptar, los demás lo verán en nuestros ojos y lo percibirán en nuestras voces, y sentirán que hay aceptación para ellos. Un alma abierta y aceptante es como un hogar cálido y acogedor, un lugar donde las amistades crecen en este mundo oscuro y, a menudo, frío.

El ejemplo de Jesús

Jesús fue el modelo de las disciplinas que hemos sugerido, y las trascendió. ¿Oración? En su Oración Sumo Sacerdotal no solo oró por Sus amigos, sino también por aquellos que se convertirían en sus amigos. ¿Amistad? Sus enemigos lo criticaron por ser «amigo de recaudadores de impuestos y pecadores». ¿Afirmación? Las afirmaciones de Jesús se extendieron a lo largo del espectro: desde una mujer que dio su último centavo, hasta un recaudador de impuestos que ofreció su fortuna a los pobres. ¿Escuchar? Jesús escuchó como ningún otro hombre jamás lo hizo, y hoy actúa igual como nuestro gran Sumo Sacerdote. ¿Aceptación? Los niños, las prostitutas y los recaudadores de impuestos podían verlo en Sus ojos y percibirlo en Su voz.

¿Y cómo pudo Jesús hacer esto? Su enfoque estaba en servir a Sus amigos, no en cómo estos lo servían a él. Como Él explicó, «Porque ni aun el Hijo del Hombre vino para que le sirvan, sino para servir y para dar su vida en rescate por muchos» (Mr. 10:45). Jesús nunca abandonó a Sus amigos, incluso cuando ellos lo abandonaron a Él. Por supuesto, Jesús era Dios y el Salvador del mundo, ¡y nosotros no! Sin embargo, Su ejemplo nos muestra que un corazón de siervo es clave para la amistad. Y quien lo hace posible es Cristo en nosotros.

La disciplina

Caballeros, si queremos ser todo lo que Dios quiere que seamos, debemos resistir a las corrientes que van en contra de la amistad, y perseguir aquello que la que fomenta. La Palabra de Dios exige una hombría capaz de una profunda amistad.

Es necesario que pongamos un esfuerzo sagrado en nuestras relaciones y deseemos algo más que unos cuantos amigos de Facebook. Esto implicará colocar a otros por delante y, a veces, volverse vulnerables como lo hizo Jonatán cuando le dio a David su espada y su ropa. El cristianismo pone a un hombre en relación con Dios y Su pueblo, donde la verdad divina se aprende y se vive de la manera más efectiva. Las amistades contienen la promesa de la gracia.

Alimento para el pensamiento

¿Quiénes son tus amigos más cercanos? Escúchalos. ¿Qué hace que estas amistades sean tan especiales?

¿Qué claves de la amistad son evidentes en la relación entre Jonatán y David? Consulta 1 Samuel capítulos 14-18. Haz una lista de todo lo que puedas encontrar.

¿Por qué no puede haber amistad sin lealtad?

¿Por qué diría Mark Twain: «Puedo vivir dos meses con un cumplido»?

¿Por qué escuchar es algo magnético y misterioso?

¿Qué necesitas hacer para fortalecer tus amistades? Escúchalas.

Pregunta/respuesta

¿Qué te ha indicado Dios de manera más específica y poderosa en este capítulo? ¡Háblale ahora mismo al respecto!

El alma

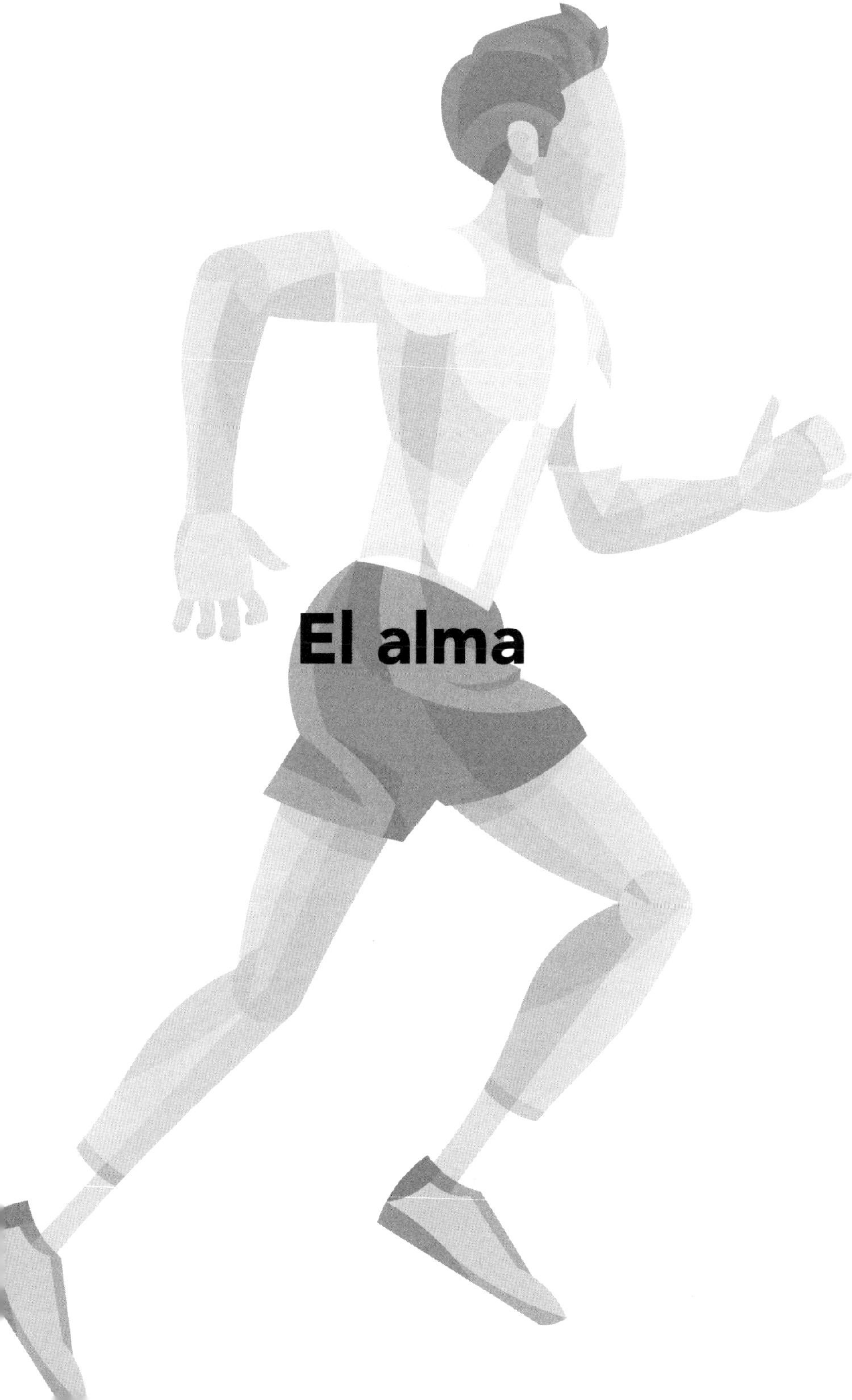

5

LA DISCIPLINA DE LA MENTE I: LA NEGATIVA

La compleja capacidad del cerebro humano causa un asombro científico cada vez mayor. Sus diez mil millones de células (neuronas) son tan solo una sombra de su complejidad, porque cada célula envía decenas de miles de tentáculos que se conectan nuevamente a decenas de miles de células vecinas, cada una de las cuales intercambia constantemente impulsos de datos. La complejidad se intensifica cuando entendemos que cada señal de datos puede tomar uno de los veinte mil caminos posibles por cada célula. Éstos, a su vez, irradian a otros posibles veinte mil caminos y así sucesivamente, de modo que el número de combinaciones posibles supera nuestra comprensión.[17]

El hecho asombroso es que el número total de vías posibles a través del cerebro supera 10^{80}, *¡y esto es más que todos los protones y neutrones en el universo!** Desde la perspectiva de la computación, el cerebro humano es el sistema más complejo del cosmos. Y hay más cosas de qué asombrarse porque la capacidad del cerebro

* 10^{80}=100.000.000.000.000.000.000.000.000.000.000.000.000.000.000.000.000.000.000.000.000.000.000.000.000.000.000.000.000.000.

coincide con su complejidad cósmica, como explica el matemático Ray Menegus al compararlo con las computadoras de su época:

> «Consideremos la computadora en la que escribo este capítulo. Tiene un canal de entrada de 64 bits. Es decir, hay 64 cables que pueden llevar información al microprocesador. Este, a su vez, sirve como «cerebro» de mi computadora. Tiene una capacidad de almacenamiento de 250 GB, es decir, 250 mil millones de piezas de información en bruto. Y puede procesar, es decir, pensar, sobre la información a una velocidad de 1 gigahercio. Esto se traduce en un cálculo cada nanosegundo. A esta velocidad, mi computadora puede ejecutar mil millones de operaciones cada segundo. Mi computadora es lenta y tiene una capacidad relativamente baja para almacenar información. En la actualidad, la computadora más rápida es la IBM BlueGene/L, que funciona a velocidades de 360 billones de operaciones por segundo y tiene una capacidad de almacenamiento de cientos de gigabytes. Esto palidece en comparación con la capacidad de almacenamiento del cerebro humano. La mayor red de computadoras enlazadas tiene una capacidad de almacenamiento de 10 millones de gigabytes, ¡y esto sigue siendo mucho menos que la capacidad potencial de un solo cerebro!».[18]

Piensa en esto: hay más equivalente electrónico en un cerebro humano, alojado en un cráneo más pequeño que un balón de fútbol, que en todas las estaciones de radio y televisión del mundo juntas. El cerebro humano no se pierde nada. Es capaz de dar y recibir la entrada más sutil, desde imaginar un universo en el que el tiempo se doblega hasta crear la textura polifónica de una fuga de Bach, o transmitir y recibir un mensaje del propio Dios, unas hazañas que ninguna computadora jamás logrará.

El potencial asombroso de la mente humana alcanza su apogeo en la posibilidad de poseer la mente misma de Cristo a través de la acción del Espíritu Santo, una posibilidad que Pablo afirmó cuando señaló: «Pero nosotros tenemos la mente de Cristo»

(1 Co. 2:16; cf. Fil. 2:5 y Ro. 12:2). Ninguna computadora podrá tener jamás los pensamientos de Dios y no hay dispositivo que pueda conocer el corazón de Dios o efectuar Sus obras. Pero el misterio que reside entre nuestras orejas sí tiene esta capacidad. De hecho, fue creado para esto: tener la mente de Cristo.

El potencial increíble de la mente del creyente introduce el gran escándalo de la iglesia actual: cristianos sin mentes cristianas, cristianos que no piensan de manera cristiana. Algunas voces proféticas vienen haciendo sonar la alarma desde hace tiempo, como la del ex secretario general de las Naciones Unidas, Charles Malik, quien se dirigió así a la distinguida audiencia en la dedicación del Centro Billy Graham en Wheaton College: «Créanme, amigos míos, la mente está hoy en una profunda dificultad, quizás más que nunca antes. Cómo ordenar la mente sobre sólidos principios cristianos, en el corazón de donde se forma e informa, es uno de los… temas más grandiosos que se pueden considerar».[19]

En su libro muy debatido, *The Christian Mind* [La mente cristiana], Harry Blamires aseguró que aunque los cristianos pueden adorar y orar como tales, no piensan como cristianos: «La mente cristiana ha sucumbido a la deriva secular con un grado de debilidad y falta de nervio sin precedentes en la historia humana».[20] En otro lugar, considera que nuestra generación sufre de anorexia religiosa, una pérdida de apetito por el crecimiento en Cristo».[21]

La línea de fondo es que este trágico escándalo proviene de nuestra falta de voluntad, una voluntad decreciente, para programar adecuadamente los increíbles instrumentos que Dios nos ha dado. Los cristianos dejan sus diez mil millones de células desprotegidas y sin pensar, sin disciplina. Cuando recurrimos a la Palabra de Dios somos conscientes de que los escritores bíblicos entendieron el problema de una manera menos técnica pero más personalmente útil: «Por sobre todas las cosas cuida tu corazón, porque de él mana la vida» (Pr. 4:23). Y nuevamente, «Porque cual es su pensamiento en su corazón, tal es él» (Pr. 23:7, RVR1960). Las Escrituras nos dicen, con razón, que la entrada determina la salida, que nuestra programación determina la producción.

El programa divino

Nadie entendió esto mejor que el apóstol Pablo. De hecho, en su carta a los Filipenses (después de aludir a guardar el corazón), prescribe su propio programa mental personal en una frase sublime: «Por último, hermanos, consideren bien todo lo verdadero, todo lo respetable, todo lo justo, todo lo puro, todo lo amable, todo lo digno de admiración, en fin, todo lo que sea excelente o merezca elogio» (Fil. 4:8). Cada uno de los ingredientes de Pablo es intencionalmente positivo y explícitamente elevador y vital. Cada ingrediente fue y es cuestión de elección personal, porque nuestras elecciones marcan toda la diferencia del mundo. Todos podemos elegir un programa de pensamiento que nutra una mente cristiana. Hermanos, como cristianos, tenemos la libertad de tener una mente cristiana, de pensar los pensamientos de Dios, de recibir y transmitir los pensamientos de Dios. Está a nuestro alcance y es nuestro deber.

Al considerar cómo el programa de Pablo debería afectar nuestra mente, el peso absoluto de sus aspectos positivos exige un rechazo decidido de todo lo negativo y degradante: «Por lo demás, hermanos, todo lo que es falso, todo lo que es vil, todo lo injusto, todo lo impuro, todo lo que no es amable, todo lo que no es digno de admiración, si hay algo de mala calidad o que no merezca alabanza, en esto no penséis». Pablo conocía el lado oscuro de la experiencia humana. Pero eligió no permitir que ese tipo de influencias formaran parte de su pensamiento. Por lo tanto, debemos establecer esta verdad como algo fundamental para nuestra vida cristiana: una mente cristiana exige un rechazo consciente; una mente cristiana es imposible sin la disciplina del rechazo.

El programa del mundo

Charles Colson, fundador de *Prison Fellowship* [Confraternidad Carcelaria] cuenta cómo se encontraba cenando con el presidente de una de las tres principales redes de televisión de Estados Unidos. Colson sintió que tenía una tremenda oportunidad para influir en aquel hombre, así que le habló sobre cómo millones de cristianos se sentían ofendidos por la programación de las distintas cadenas. Sabiendo que los ejecutivos de televisión tienen un intenso interés por el beneficio, Colson sugirió que sería buen negocio emitir entretenimiento familiar saludable. «Después de todo», añadió Colson, «existen cincuenta millones de cristianos renacidos ahí fuera». ¡Pero fue Colson quien recibió una respuesta contundente en aquella conversación! El presidente de la red presentó pruebas convincentes de que los cristianos no ven más programas familiares saludables que los no cristianos. Demostró su opinión con un ejemplo humillante a nivel nacional de cómo las preferencias de visualización de los cristianos se asemejan estrechamente a las de todos los demás.

Los estudios realizados por redes seculares, y también por redes cristianas, han demostrado que los hábitos de visualización de los cristianos no son diferentes de los de la cultura general. Dado que la televisión es un negocio, ofrece a sus clientes, el público, aquello que quieren. Es un espejo revelador de nosotros mismos.[22] Según A. C. Nielsen, en un hogar promedio, el televisor está encendido siete horas y siete minutos al día, y el espectador promedio la ve durante cuatro horas y media cada día.[23] Las estadísticas para los hogares religiosos computan solo media hora menos de tiempo de visualización.[24] El niño promedio, entre los seis y los dieciocho años, pasa unas quince mil a dieciséis mil horas frente al televisor mientras que asisten a la escuela[25] tan solo trece mil horas. Durante los veinte primeros años de vida de un niño estadounidense, verá un millón de anuncios publicitarios, ¡a razón de mil por semana![26]

Efectos titánicos

Los efectos negativos de la televisión son infames:

- *Fomenta la pasividad.* El acto de ver la televisión es inherentemente pasivo. El telespectador mira fijamente, con indiferencia, un caleidoscopio de imágenes dinámicas, energéticas, siempre en movimiento, con el resultado de que la mente inerte llega a imaginar que el espectador ha marcado el gol o la canasta de la victoria por haberlo observado. Como consecuencia, para algunos jóvenes la «vida real» se vuelve demasiado exigente. La televisión se convierte en su mundo, su único amigo.

- *Acorta el tiempo de atención.* A muchos, por no decir a la mayoría de quienes ven la televisión durante cuatro horas, les resulta difícil enfocarse en un discurso razonado sin ayuda de imágenes visuales. Y el problema con las imágenes fugaces es que no permiten tiempo para la reflexión, sino solo para la reacción. Quienes asisten hoy a la iglesia son mucho menos adeptos a escuchar por esta misma razón, y luchan por obedecer el llamado reiterado de las Escrituras a «escuchar la Palabra del Señor».
- *Inhibe el pensamiento.* Existe unos dibujos animados de Garfield que representan a este gato viendo la televisión con los ojos a medio abrir. Sus amigos le preguntan:

  «¿Qué estás viendo, Garfield?».
  «No lo sé».
  «¿Quién es el personaje principal?».
  «No lo sé».
  «¿Cuál es el argumento?».
  «¡Hey! ¡Estoy viendo la televisión! Deja de obligarme a pensar, ¿vale?».

De nuevo, la verdad es que cuando las imágenes en movimiento dominan la palabra escrita o habla, la razón disminuye. Pensar exige una cierta distancia y tiempo para reflexionar, mientras que las imágenes en movimiento invitan a la reacción o al voyerismo, no al pensamiento.[27]

- *Crea distancia.* Como todos sabemos, ver televisión es algo que distancia a las personas. Como dijo Ann Landres: «La televisión ha demostrado que la gente verá cualquier cosa en lugar de mirarse entre sí».[28] Una vez pasamos una noche en una casa donde el anfitrión se sentó en su sillón reclinable La-Z-Boy, con el rostro iluminado por la luz del televisor. En ningún momento apartó la vista de la pantalla para «conversar», en realidad tan solo una serie de comentarios inconexos, en lugar de un diálogo. Solo cuando nos levantamos para irnos hizo contacto visual, amable pero distante, aún en su mundo televisivo. Y, mientras recorríamos el camino de salida, vimos cómo se acomodaba de nuevo en su La-Z-Boy, y volvía a fijar la mirada en la pantalla parpadeante.

- *Subvierte el alma.* Estos efectos son de por sí suficientemente malos, pero hay cosas aún más destructivas que asaltan al espectador que dedica un promedio de cuatro horas al día a ver televisión. El mundo de los medios hace proselitismo de nuestra sexualidad y la erotiza. Millones de hombres jóvenes, tanto cristianos como no cristianos, han sido desensibilizados y sensualizados mientras pasan su tiempo despiertos, noche tras noche, absorbiendo obscenidades, humor sexual y doble sentido con la conciencia cada vez más embotada.

Malcolm Muggeridge, el famoso comentarista y analista británico, escribió en *Christ and the Media* [Cristo y los medios] que una de las formas en que nos ablandamos moralmente es cuando nos inducen a reírnos de cosas que nos horrorizan. Hoy en día, toda una generación de hombres cristianos se ríe de cosas que deberían hacerlos llorar, y no pocos de ellos sufrirán naufragios espirituales, y algunos hasta la pérdida de sus almas. Que el espectador indiscriminado tenga cuidado.

Junto con esto, la inmersión en los medios crea irreverencia hacia Dios. En 1990, el crítico de cine Michael Medved escribió que el récord de blasfemias lo tenía la película de Martin Scorsese *Goodfellas* [Uno de los nuestros, en España y Buenos muchachos en Hispanoamérica] que contiene 272 blasfemias, 246 de las cuales eran variaciones de una sola palabra. Se producía una obscenidad importante cada 32.2 segundos.[29] Por supuesto, esto ha sido superado por las películas aún más oscuras de los cineastas independientes de hoy.

De manera significativa, nadie en ningún lugar parece estar contando el abuso blasfemo del nombre de Dios: el número de veces que «Dios» y «¡Oh Dios!» se utilizan como rellenos para una sintaxis ausente, y «¡Jesús!» y «¡Cristo!», como signos de exclamación de enojo. En las películas, los hombres emplean el nombre de Dios de manera que proyectan arrogancia y un aire masculino desafiante. ¡Si puedes maldecir a Dios y abusar de su nombre sin sentir remordimientos, debes ser todo un hombre! Y las estrellas femeninas profanan con regularidad el nombre de Dios con una entonación a la moda de «¡Oh, Dios!», para hacer gala de una actitud sabia, urbana y aburrida. «¡Genial!».

En los medios se degrada de continuo el nombre de Dios, de maneras tan rutinariamente aceptables que los cristianos ni siquiera se dan cuenta, pero esta degradación se hunde en su alma. A veces, el nombre santo de Dios se convierte en el relleno retórico en la vida de un hombre cristiano, una vida cada vez más vacía. Pero nunca debemos olvidar la prohibición del Tercer Mandamiento contra tal uso: «No tomarás el nombre del Señor tu Dios en vano, porque el Señor no dejará sin castigo al que tome su nombre en vano» (Ex. 20:7). Profanar el nombre de Dios es, eternamente, lo menos «genial».

- *La cosmovisión del Titánic.* Quizás el efecto más sutil del cine es la promoción de visiones subcristianas y espiritualmente destructivas del mundo. Disney no es una protección. *La sirenita* es lo suficientemente inocente si ignoras la trama: sigue tu corazón, ignora a tus padres.

Cualquier chica de secundaria que haya visto el éxito de taquilla *Titanic* muchas veces (algunas de ellas llegaron a ir hasta catorce veces al cine, según informó el periódico) ha absorbido profundamente una visión del mundo basada en pura ficción, ya que tanto los personajes como la trama son pura imaginación de los guionistas. Su visión del mundo carece de Dios, ya que ni se le menciona (excepto el conjunto de cuerdas tocando la melodía del himno «Más cerca, oh Dios, de ti») a pesar de que unas mil quinientas almas van hacia la muerte en las aguas heladas del Atlántico Norte. Es también una visión del mundo sensualmente hedonista, ya que la protagonista del filme tiene relaciones sexuales con su Jack, un apuesto joven que viaja en tercera clase, en el asiento trasero de un coche en la bodega del barco. Para colmo, es una visión del mundo superficial y sentimental al máximo grado. En sus catorce visionados, esta estudiante de secundaria ha sido ya adoctrinada para creer que:

1) Se puede esperar que la aventura de una noche sea el vértice de su vida. Así es cómo lo ve la protagonista, siendo ya una anciana en el punto culminante de la película.
2) El sexo instantáneo con un hombre al que apenas conoce le otorgará un amor sacrificial, como cuando Jack la coloca a ella en una balsa y él sucumbe en las aguas.
3) Lo máximo en la vida es perseguir tus propios placeres, como vemos en las escenas de su vida posterior como una mujer rica, pilotando su propio biplano y galopando a caballo por la orilla.
4) Y la gloria de la vejez proviene de recordar los pecados de su juventud (su aventura de una noche) cuando, siendo una anciana, alquila un barco para navegar sobre la superficie del Titanic y así poder dejar caer su colgante en la tumba acuática. Sentimentalismo al estilo Titanic, sin duda, y una visión del mundo que hará naufragar a las almas jóvenes.

Esperamos que la mayoría de ustedes no sean cautivos de la pantalla. Pero las estadísticas revelan que los hábitos de visualización de los cristianos declarados son prácticamente iguales a los del resto de la cultura. El estudio de abril del 2000, realizado por *People & the Press Media Consumption Survey* revela muy poca diferencia, como muestra el gráfico siguiente:

% de los que afirmaron ver con regularidad lo siguiente	Población general	Cristianos nacidos de nuevo*
¿Con qué frecuencia miras CBS, ABC o NBC?	30	31
¿Con qué frecuencia miras CNN?	21	22
¿CNBC?	13	12
¿Fox News?	18	21
¿Richi Lake o Jerry Springer?	7	10
¿Rosie O'Donnel u Oprah Winfrey?	10	13

*Respondieron «sí» a la pregunta: «¿Te describirías como "nacido de nuevo", o cristiano evangélico o no?».[30]

Muchos de ustedes son excepciones, pero las estadísticas son alarmantes. Somos conscientes de los peligros de usar palabras absolutas como «todos», «cada» y «siempre» en lo que decimos. Absolutizar nuestras afirmaciones es peligroso. Pero lo vamos a hacer de todos modos. Aquí va: *Es imposible que cualquier cristiano que pase la mayor parte de su tiempo, mes tras mes, día tras día, viendo la programación de los conglomerados mediáticos, tenga una mente cristiana.* Esto *siempre* es cierto para *todos* los cristianos en *cada* situación.

¿Estamos sugiriendo un nuevo legalismo que prohíbe la televisión, el cine y el ciberespacio? Absolutamente no. Hay muchas cosas valiosas que ver; además, aunque el cristianismo es por naturaleza contracultural, no es anticultural.

La disciplina del rechazo

Una vez más, entiende que la «computadora» entre tus orejas no se pierde nada. Tus ojos son su cámara a través de la cual todo lo que ves se transmite constantemente, tus oídos son grabadoras de audio en funcionamiento, tu nariz registra los aromas de lo que ves y escuchas, tu cuerpo lo siente todo y tu cerebro lo almacena todo. La complejidad y capacidad de tu mente superan lo astronómico. Por lo tanto, ten mucho cuidado con lo que introduces en ella.

Aquí, el llamado de las Escrituras a la disciplina adquiere una importancia de vida o muerte: «Ejercítate en la devoción… la devoción es útil para todo, ya que incluye una promesa no solo para la vida presente, sino también para la venidera» (1 Ti. 4:7-8). Como hemos mostrado, nadie llegará a ningún lado en nada sin disciplina. Y, además, nadie puede tener una mente piadosa aparte de la disciplina, y esto *exige* la disciplina del rechazo. Es un llamado a ser hombre, porque uno tiene que ser un hombre de verdad para rechazar la entrada constante de la cultura impía, y después soportar el inevitable malentendido y la ira de aquellos que se sorprenden de que no te unas a ellos.

Hombres, deben tomar el control del tiempo que pasan en modo predeterminado mirando la pantalla. Y si parece que no pueden hacerlo, tal vez sea necesario tomar alguna acción «dolorosa». En palabras de Jesús: «Por tanto, si tu ojo derecho te hace pecar, sácatelo y arrójalo. Más te vale perder una sola parte de tu cuerpo y no que todo él sea arrojado al infierno» (Mt. 5:29). Son las *horas* las que te harán sucumbir. Mejor que tu televisor termine en el basurero que tu alma en la basura.

Junto con controlar las horas, también debemos controlar el contenido. Todos tenemos pecados persistentes, pecados que se aferran a nosotros (He. 12:1). La sensualidad es especialmente adherente, pero el materialismo, la ambición, el orgullo, los celos, la ira e incluso la violencia son igualmente pegajosos. Y estos pecados persistentes pueden fundirse en nuestras almas mediante un flujo tóxico que celebra la sensualidad, la riqueza, la celebridad, el poder, la venganza y la violencia. Aunque el salmista no podría haber concebido los medios de comunicación, da consejos sabios para aquellos atrapados en la era de los medios: «Quiero conducirme en mi propia casa con integridad de corazón. No me pondré como meta nada en que haya perversidad» (Sal. 101:2-3).

Ustedes son los hombre. No hay nadie más. Es hora de tomar el mando y disciplinar sus mentes para la piedad, comenzando con la disciplina del rechazo. Recuerden esto: Dios les dará la gracia para hacer lo que Él los llama a hacer.

Alimento para el pensamiento

¿Por qué la mente humana no se pierde nada?

¿Cómo es que una sola mente humana es superior al mayor de los ordenadores?

¿Por qué los cristianos no piensan como tales?

¿Por qué crees que los hábitos de visualización de los cristianos no son diferentes a los del mundo?

Enumera tantos efectos negativos como puedas que vienen con la adicción al «tubo» (televisión, medios).

¿Qué nos dicen Mateo 5:29 y Salmos 101:2 sobre una mente disciplinada?

¿Es realmente posible vivir estos versículos día a día? ¿Cómo?

Pregunta/respuesta

¿De qué te ha hablado Dios de un modo más específico y poderoso en este capítulo? ¡Háblale ahora mismo al respecto!

6

LA DISCIPLINA DE LA MENTE II: LA LLENURA

En el texto que hemos estado considerando, el apóstol Pablo recomienda enfáticamente que enfoquemos nuestras mentes en aquellas cosas que son justas, puras, encantadoras, dignas de elogio y excelentes, y luego concluye con esta carga significativa: «*Consideren* bien estas cosas» (Fil. 4:8). La palabra que usa para «pensar» es *logidzamai*, de donde también obtenemos la palabra matemática y computacional *logaritmo*. Por lo tanto, pensar significa «una contemplación deliberada y prolongada como si estuviéramos meditando en un problema matemático». El Apóstol nos insta a reflexionar detenidamente sobre los elementos positivos que deben ingresar en nuestras «computadoras mentales». En pocas palabras, Dios nos llama por su santa Palabra a una disciplina mental masiva y positiva, un esfuerzo mental intenso.

Aquí, nos beneficiaremos al orar las palabras del himno *May the Mind of Christ My Savior* [Que la mente de Cristo mi Salvador].

Que la mente de Cristo, mi Salvador
Viva en mí día tras día

Controlando todo lo que hago y digo
Con su amor y su poder.
Que la Palabra de Dios
Habite abundantemente
En mi corazón hora tras hora
Para que todos vean
Que triunfo solo por su poder.[31]

Las Escrituras

Esto solo puede ocurrir a través de una profunda exposición y una inmersión continua en la Palabra de Dios, acompañada por la iluminación del Espíritu Santo; una exposición que está al alcance de todos los cristianos, incluso aquellos que encuentran difícil la lectura.

El Teniente General William K. Harrison fue el soldado más condecorado de la 30ª División de Infantería, calificada por el General Eisenhower como la mejor división en la Segunda Guerra Mundial. El General Harrison fue el primer estadounidense en entrar en Bélgica, cosa que hizo como jefe de las fuerzas aliadas. Recibió todas las condecoraciones por valentía, excepto la Medalla del Honor del Congreso, siendo honrado con la Cruz de Plata Distinguida, la Cruz de Plata, la Estrella de Bronce por Valor y la Estrella Púrpura (fue uno de los pocos generales en ser herido en combate). Cuando comenzó la Guerra de Corea, sirvió como Jefe de Estado Mayor en el Comando de las Naciones Unidas y, debido a su carácter y su autocontrol, fue finalmente elegido por el presidente Eisenhower para encabezar las largas y tediosas negociaciones que pondrían fin a la guerra.

El general Harrison fue un soldado entre soldados que llevó una vida ocupada y ultra cinética, además de ser un hombre increíblemente devoto a la Palabra. Cuando era un cadete de veinte años en West Point, comenzó la disciplina de leer el Antiguo Testamento completo una vez al año y el Nuevo Testamento cuatro veces al año. El General Harrison mantuvo esta práctica hasta el final de su vida. Incluso en medio de la guerra, mantuvo su compromiso leyendo durante los respiros de dos y tres días para reposición y reequipamiento que seguían a las batallas (como hizo después de la Batalla de las Ardenas), de modo que cuando terminó la guerra, estaba dentro del horario previsto. A los noventa años, cuando su vista ya no le permitía mantener esta disciplina, había leído el Antiguo Testamento 70 veces y el Nuevo Testamento 280 veces. No es de extrañar que su piedad y sabiduría fueran proverbialmente conocidas, y que el Señor lo usara durante dieciocho fructíferos años para liderar la Comunidad de Oficiales Cristianos (OCF, por sus siglas en inglés).[32]

La vida del general Harrison nos revela tres cosas. Primero, empezó su lectura disciplinada cuando era un jovencito (cercano a la edad de muchos de los que están leyendo estas palabras). En segundo lugar, incluso los más ocupados de nosotros podemos alimentarnos de manera sistemática de la Palabra de Dios. Nadie podría estar más atareado ni llevar una vida más demandante que el general Harrison. En tercer lugar, la vida de Harrison sigue siendo la demostración de una mente programada con la Palabra de Dios. Pensaba detenidamente en las cosas excelentes. Sus más cercanos colaboradores afirman que cada ámbito de su vida (personal, espiritual y profesional), y cada uno de los grandes problemas a los que se enfrentaba, estaban documentados por las Escrituras. La gente se maravillaba de su conocimiento de la Biblia y de su habilidad para aplicar su luz en cada aspecto de la existencia.

El general vivió la experiencia del salmista: «¡Cuánto amo yo tu ley! Todo el día medito en ella. Tus mandamientos me hacen más sabio que mis enemigos, porque siempre están conmigo. Tengo más discernimiento que todos mis maestros, porque medito en tus mandatos. Tengo más entendimiento que los ancianos, porque obedezco tus preceptos» (Sal. 119:97-100).

Jóvenes, recuerden esto: nunca podrán tener una mente cristiana sin leer y escuchar las Escrituras con regularidad, ¡porque *no pueden ser profundamente influenciados por aquello que no conocen*! Pero si están llenos de la Palabra de Dios, entonces su vida puede ser guiada e informada por Dios, de modo que sus relaciones, decisiones de vida, vida interior y brújula moral estarán adornadas con sabiduría divina. ¡El camino hacia una mente cristiana es a través de la Palabra de Dios!

Lee la Palabra

Una vez más, debemos tener cuidado al decir esto, para no crear un legalismo en la lectura de la Biblia del tipo «los buenos cristianos leen la Biblia entera una vez al año». La Biblia no demanda esto en ninguna parte. Algunos hombres simplemente no pueden leer bien o rápido. Y, con toda sinceridad, leer la Biblia a toda velocidad no es un camino rápido hacia una vida espiritual más profunda. Como le señaló Lucy a Carlitos, de un modo muy revelador: «¡Acabo de terminar un curso de lectura rápida y anoche leí "Guerra y Paz" en una hora!… Trata sobre Rusia».

Sin embargo, la mayoría encontrará que leer las Escrituras en su totalidad una vez al año es la mejor manera, porque solo requiere cinco páginas al día y ofrece una meta alcanzable: «Cinco páginas al día pone la Biblia en su lugar». Jóvenes, según su habilidad, deben dedicarse a la lectura y al estudio de la Palabra de Dios. Si se niegan, están efectivamente «corrigiendo a Dios» y nunca tendrán una mente del todo cristiana.

La página web del libro en inglés, www.GodlyYoungMan.org enumera varios planes detallados (disponible solo en inglés):

- La Biblia en un Año, disponible en todas las versiones más populares.
- El «Calendario de Lecturas Diarias de M'Cheyne», un curso conciso mediante el cual se puede leer toda la Biblia en un año, incluidos los Salmos y el Nuevo Testamento dos veces.
- «A Través de la Biblia, Lecturas Diarias que Cubren toda la Biblia en un Año».
- Información sobre otros sitios web, como YouVersion.com, que ofrecen más de veinte planes de lectura.
- Información sobre aplicaciones móviles que permiten llevar varias versiones de la Biblia donde quiera que vayas.

Escucha la Palabra

Aunque la Biblia nos llama a leer y estudiar la Palabra de Dios, el llamado más repetido tanto en el Antiguo Testamento como en el Nuevo Testamento es a «oír la Palabra», y esto implica tanto escuchar como ponerla después en práctica. Y, felizmente, existen recursos inmensos tanto para los lectores como para quienes no leen para escuchar la Palabra de Dios.

Los teléfonos inteligentes, las computadoras, las tabletas y los dispositivos similares de hoy hacen posible escuchar la Palabra de Dios en casi cualquier entorno o actividad: acostado, sentado, caminando, haciendo senderismo, corriendo, andando en bicicleta, en el transporte, trabajando (pintando, haciendo pequeñas reparaciones, reparando motores, diseño gráfico, jardinería, agricultura, entrenando, haciendo ejercicio, y más). Hay atletas, artesanos y médicos que, como el salmista, rebosan de sabiduría y entendimiento porque convierten el escuchar el consejo completo de Dios en una prioridad anual. Todo joven puede lograr lo mismo, en especial si, como el general Harrison, tiene la voluntad de disciplinarse para ello.

Aquí, ver de nuevo www.GodlyYoungMan.org para opciones audibles gratuitas (disponible solo en inglés) como:

- Biblia en audio gratis la Versión Reina Valera 1960.
- YouVersion.com, que provee múltiples versiones en audio en inglés y también en lenguas extranjeras.

Jóvenes, una mente impregnada de la Biblia está a su alcance si comienzan ahora mismo a leer y escuchar la Palabra de Dios.

La meditación

Aquí, dirígete al próximo capítulo y lee la sección sobre «La meditación», que termina con este consejo práctico: La preparación para la meditación es sencilla. Selecciona un texto escogido, escríbelo en una tarjeta y mételo en tu bolsillo (método tradicional), o ponlo en la aplicación de notas de tu *smartphone* (método moderno), y sácalo en esos momentos libres. Murmúralo, ora con él, repítelo en voz baja, memorízalo, háblalo, cántalo, grítalo, compártelo, y descúbrete lleno de «gozo indescriptible y glorioso» (1 P. 1:8).

La literatura cristiana

Junto con leer, escuchar y meditar en la Palabra, también deberíamos hacer lo mismo con buenos libros. El célebre presentador de radio judío Dennis Prager, quien se asegura de estar bien informado, comentó en una entrevista para *The Door* [La Puerta]:

> Una cosa que he notado sobre los evangélicos es que no leen. No leen la Biblia, no leen a los grandes pensadores cristianos, nunca han oído hablar de Tomás de Aquino. Si son presbiterianos, nunca han leído a los fundadores del presbiterianismo. Es algo que no entiendo. Como judío, eso me confunde. El mandamiento del estudio es tan profundo en el judaísmo que nos sumergimos en él. Dios nos dio un cerebro, ¿no debemos usarlo en Su servicio? Cuando entro en la casa de un cristiano evangélico y veo un total de 30 libros, la mayoría de ellos superventas, no lo comprendo. Yo tengo estanterías llenas de libros cristianos, y soy judío. ¿Por qué tengo más libros cristianos que el 98 % de os cristianos en Estados Unidos? ¡Me parece tan extraño![33]

Es curioso, sobre todo cuando un compromiso con Cristo implica creer en cosas que van mucho más allá de la superficie de la vida. Lamentablemente, la mayoría del público cristiano que no lee son hombres, quienes compran solo el 25 % de los libros cristianos. Jóvenes, privarnos de la riqueza acumulada de los santos de todos los siglos es aceptar voluntariamente la anorexia espiritual. Los grandes escritos cristianos magnificarán, dramatizarán e iluminarán maravillas vivificantes para nosotros. Otros han caminado por los caminos que deseamos recorrer. Han tomado nota de los peligros y han colocado advertencias en el camino. Nos han dado descripciones de deleites espirituales que nos llevarán hacia adelante y hacia arriba.

Con el fin de prepararme para hablar y escribir sobre el tema de la mente, envié un cuestionario por correo a cuarenta y ocho líderes cristianos, incluidas personas como Tim Chester, Mark Driscoll, Joshua Harris, J. I. Packer, Kevin DeYoung, entre otros. El cuestionario incluía cuatro preguntas:

1) ¿Cuáles son los cinco libros, seculares o sagrados, que más te han influenciado?
2) De los libros espirituales/sagrados que te han influenciado, ¿cuál es tu favorito?
3) ¿Cuál es tu novela favorita?
4) ¿Cuál es tu biografía favorita?

Los libros devocionales y teológicos más mencionados fueron «Instituciones de la Religión Cristiana» de Juan Calvino, «Mero Cristianismo» de C. S. Lewis y «Conociendo a Dios» de J. I. Packer. Las biografías mencionadas con mayor frecuencia fueron «George Whitefield» de Arnold Dallimore, «El Secreto Espiritual de Hudson Taylor» de Mr. y Mrs. Howard Taylor, «Portales de Esplendor» y «La sombra del Todopoderoso» de Elisabeth Elliot, «William Tyndale» de David Daniell y «El Último León» de William Manchester. Las novelas favoritas mencionadas incluían «Los hermanos Karamázov» de Fyodor Dostoyevsky, «Anna Karenina» y «Guerra y Paz» de Leon Tolstoy y «El Señor de los Anillos» de J. R. R. Tolkien. Estos títulos forman una excelente lista excelente para seleccionar lecturas. Muchos de ellos están disponibles también como libros electrónicos. Los resultados completos de la encuesta se pueden encontrar en el sitio web del libro www.GodlyYoungMan.org (disponible solo en inglés).

Alimento para el pensamiento

¿Has leído alguna vez la Biblia completa? Si no es así, busca un plan de lectura y comprométete a llevarlo a cabo. Quizás tengas a otra personas o a varios amigos que también deseen comprometerse contigo.

Escuchar la Biblia completa una vez al año es excelente, sin importar lo bien que puedas leer. Entonces, si leer la Biblia completa es poco realista en este momento, ¿por qué no descargas una versión gratuita y empieza hoy mismo?

Piensa en algunos versículos bíblicos o textos cortos en los que sería bueno que meditaras. Escribe estos textos en tarjetas y comienza hoy mismo.

¿Cuál de los cinco libros principales mencionados en la encuesta de lectura has leído? Enumera los títulos. Ahora elige uno que no hayas leído y comprométete a leerlo este año.

Pregunta/respuesta

¿De qué te ha hablado Dios de un modo más específico y poderoso en este capítulo? ¡Háblale ahora mismo al respecto!

Recursos

Recursos para disciplinar tu mente disponibles en www.GodlyYoungMan.org (solo en inglés):

- App audio Biblias.
- Planes de lectura de la Biblia.
- Enlaces a más de cuarenta sermones para descargar y escuchar.
- Páginas web cristianas.
- Blogueros y usuarios cristianos de X.com.
- Sondeos de lecturas cristianas.
- Diez libros que fomentan la piedad recopilados por Don Whitney, autor de *Spiritual Disciplines for the Christian Life* [Disciplinas Espirituales para la vida cristiana].

7

LA DISCIPLINA DE LA DEVOCIÓN

La disciplina de la oración puede ser difícil de dominar. ¿Alguna vez te has parado a orar y has sentido como si estuvieras hablando solo, o como si tus oraciones se detuvieran en el techo, y Dios simplemente no estuviera escuchando? A veces puede sentirse así. Pero la Biblia enseña que la oración es esencial por dos razones.

La primera es por lo que la oración hace en nuestro *carácter*. La oración es como una exposición prolongada ante Dios. Espiritualmente, nuestras almas funcionan como placas fotográficas, y la imagen brillante de Cristo es como la luz. Cuanto más expongamos nuestras vidas a la radiante luz de su vida justa (por ejemplo, durante cinco, diez, quince, veinte minutos o más al día), más se grabará su imagen en nuestro carácter: cosas como Su amor, Su compasión, Su humildad. Como vimos en el capítulo anterior, esto fue cierto en la vida del general William Harrison, quien mantuvo una vida devocional disciplinada durante más de setenta años. La gente comenta que la presencia del general transmitía un sentido distintivo de Cristo.

La segunda razón es que la oración inclina nuestras *voluntades* a la voluntad de Dios. E. Stanley Jones, el misionero de renombre mundial a la India y hombre de oración lo explicaba de esta manera: «Si lanzo un bichero desde el barco y me agarro de la orilla y tiro, ¿acaso atraigo la orilla hacia mí o me acerco yo mismo hacia la orilla? La oración no es tirar de Dios hacia mi voluntad, sino alinear mi voluntad con la Suya».[34]

¡Qué beneficios personales asombrosos se nos ofrecen al pasar tiempo en la presencia de Dios en oración! ¡Nada menos que *el carácter y la voluntad de Dios*! Y aquí yace la tragedia espiritual de nuestros días, porque las estadísticas muestran que los hombres son considerablemente menos propensos a orar que las mujeres.

¿Por qué tantos hombres fracasan en sus devociones personales y en la oración? En parte, por la misma razón por la que asisten menos a la iglesia y leen menos que las mujeres: no son tan espiritualmente sensibles y abiertos como ellas. Pero la mayoría de los hombres fracasan porque simplemente no saben cómo llevar a cabo las disciplinas internas de la vida espiritual.

Este capítulo está diseñado para ayudarte a desarrollarla, a tener una vida espiritual fructífera. Toma en serio los principios que se mencionan a continuación y, con la ayuda de Dios, verás cambios. Antes de empezar, debemos entender que nuestra vida de oración y devoción no puede reducirse a unas pocas reglas simples. El esquema que sigue este capítulo (*meditación, confesión, adoración*) no es el único camino ni, de hecho, el camino perfecto para acercarse a Dios. La vida es demasiado complicada y Dios es demasiado grande para confinar la devoción a una pequeña rutina ordenada. A veces, una oración rápida como «¡ayúdame, Dios!» es lo único que nos da tiempo a proferir. Otras veces, un tiempo prolongado de confesión y de decirle a Dios cuán maravilloso y asombroso es se vuelve lo más apropiado. Entendido esto, comencemos.

La meditación

No se preocupen, chicos, meditar no significa sentarse en una alfombra en posición de yoga tarareando mientras las velas de incienso arden en la esquina. ¡Eso es sencillamente extraño! Lo que queremos decir aquí es que la Palabra de Dios es como una cena de rico bistec. Este tipo de comida no puede tragarse entera: es necesario cortarla, masticarla y digerirla. La Biblia es igual. Requiere pasar un tiempo pensando, meditando y aplicando lo que has leído en la Palabra de Dios.

Escuchar

La meditación empieza escuchando la Palabra. No solo consiste en oír o leer, sino en escuchar *de verdad*. Es demasiado fácil cuando leemos la Biblia limitarnos a leer sin dejar que penetre. Es necesario absorber la Palabra como una esponja, no como un paño que apenas roza la superficie.

Cuando Dios nos ayuda a escuchar *de verdad* lo que está diciendo, el resultado es que respondemos. Por ejemplo, cuando esto le sucedió al rey David (cuando Dios le dio un «oído abierto» para escuchar la Palabra), él respondió: «Aquí me tienes —como el libro dice de mí—. Me agrada, Dios mío, hacer tu voluntad; tu ley la llevo dentro de mí» (Sal. 40:7-8). David estaba afirmando que había leído y escuchado la Palabra de Dios, y que ahora esta estaba guiando toda su vida. Este debe ser el camino para nosotros.

Murmurar

Así como el Salmo 1 comienza con una bendición para el hombre que «medita día y noche» en la ley (v. 2), la palabra que usa el salmista para «meditar» es una palabra que significa *murmurar*,[35] que San Agustín tradujo con la frase pegadiza «en su ley murmura día y noche».[36] De esto entendemos que la meditación bíblica requiere el uso tanto de la mente como de la boca. Personalmente, esto significa que (junto con la lectura regular de la Biblia) debemos elegir pasajes de las Escrituras especialmente significativos para murmurar con reverencia.

A menudo puede ser uno o dos versículos, como las grandes verdades de Juan 1:1: «En el principio era el Verbo, y el Verbo era con Dios, y el Verbo era Dios». Cuando un joven murmura dichos textos a modo de oración, lentamente y de forma repetida, involucra los ojos, los oídos y la boca, para que la verdad de las Escrituras profundice en su corazón, maximizando su comprensión y su devoción.

Porciones mayores de las Escrituras, en especial algunos de los textos más famosos, están hechos a medida para la meditación, como los Diez Mandamientos (Ex. 20:1–17) o el Nuevo Pacto (Jer. 31:31–34), o las Bienaventuranzas (Mt. 5:1–12), o el Padrenuestro (Mt. 6:9–13). Además, observe que los grandes pasajes del Nuevo Testamento acerca de Cristo proporcionan un conjunto de meditaciones que cambian la vida. (Ver Juan 1:1–4; Col. 1:15–18; He. 1:1–3; y Fil. 2:5–8). Las posibilidades son infinitas: las parábolas de Jesús, los salmos y los proverbios clave, los dichos del libro de Santiago. Dicho esto, un buen lugar para comenzar podría ser un texto que *ya* haya tenido un ministerio en tu vida. ¡Meditar en tales textos encenderá tu alma de nuevo!

Para empezar con la meditación no debes imaginar que necesitas el silencio de un monasterio. La meditación está destinada a ser parte de la vida cotidiana, «día y noche», como recomienda el Salmo 1. Nuestros horarios ocupados deben estar salpicados de meditación bíblica: esperando un viaje, en el almuerzo, cortando el césped, trotando e incluso despierto por la noche (Sal. 63:3; 119:48).

Amigos, la preparación para la meditación es sencilla. Selecciona un texto breve, escríbelo en una tarjeta, mételo en tu bolsillo o guárdalo en tu teléfono inteligente, y sácalo cuando lleguen esos momentos breves. Murmúralo, óralo, repítelo, memorízalo, háblalo, cántalo, grítalo, compártelo, y encontrarás en ti mismo «gozo inefable y lleno de gloria» (1 P. 1:8).

La confesión

No puede haber devoción sin confesión, reconocer tu pecado ante Dios. Esto se puede producir en cualquier lugar y en cualquier momento. Idealmente, debería suceder en cuanto pecamos. Sin embargo, con demasiada frecuencia somos demasiado orgullosos y obcecados, y tenemos una carga emocional demasiado grande como para reconocer nuestro pecado en el momento en que lo cometemos, por ejemplo, cuando perdemos los nervios en una discusión. Pero la devoción es imposible si estamos sobrecargados de culpa. Debemos confesar nuestros pecados o no llegaremos a ningún lugar.

La confesión inmediata

Si hemos evitado admitir nuestros pecados ante Dios, la confesión será necesariamente lo primero en nuestro tiempo devocional. Y, a medida que pasamos tiempo en oración y en la Palabra de Dios, es probable que se revelen más pecados. ¡Así que sigue confesando! La oración que concluye el salmo 139 (un salmo que expone el conocimiento de Dios sobre todo) es una buena oración para recordar y orar mientras confesamos nuestros pecados: «Examíname, oh Dios, y conoce mi corazón; pruébame y conoce mis ansiedades. Fíjate si voy por un camino que te ofende y guíame por el camino eterno» (vv. 23-24).

La confesión deliberada

Aunque entendemos que la confesión del pecado debe producirse de inmediato, nuestra disciplina de devoción también debe incluir la confesión deliberada. Esta implica reconocer primero lo que *somos*: aunque somos cristianos, no obstante, somos hombres pecadores. Romanos 3:9-20 es la sección de las Escrituras que expone esto de manera inequívoca al declarar que todos los aspectos de cada hombre están contaminados por el pecado. Aquí, como jóvenes cristianos en particular, es importante que le confiesen a Dios con regularidad que son pecadores, porque si están progresando en lidiar con sus pecados, pueden autoengañase pensando que están superando su condición.

En segundo lugar, debemos confesar nuestros pecados específicos. Sugiero que hagas una lista de tus pecados, porque el acto de enumerarlos en blanco y negro enfatizará su cruda realidad cruda para ti. C. S. Lewis escribió: «Debemos presentarle lo que hay en nosotros, no lo que debería haber en nuestro interior».[37] Hecho esto, cada pecado debe ser confesado por su nombre, por más feo que sea. Luego, agradécele a Dios Su perdón a través de la sangre de Jesús ¡y rompe la lista!

La importancia de la confesión para la vida devocional no puede subestimarse: «Si en mi corazón hubiera yo abrigado maldad, el Señor no me habría escuchado» (Sal. 66:18; cp. Pr. 28:13). El pecado no confesado hace que los cielos parezcan de bronce. Pero la confesión no solo abre los cielos, sino que también aumenta nuestra intimidad con Dios.

La adoración

¿Cuándo fue la última vez que te maravillaste por completo ante Dios y lo adoraste porque es maravilloso? Adorarlo debería ser parte de nuestro tiempo de devoción. Esto empieza con el sentido adecuado de reverencia en Su presencia.

Reverenciar

En una ocasión, un amigo fue guiado en un recorrido por una fábrica donde los trabajadores moldeaban metales. Como parte del tour, lo llevaron a la parte superior del horno de fundición y le proporcionaron una vista panorámica. Establa al rojo vivo. Aunque se encontraba a cierta distancia, tuvo que usar gafas y una máscara para protegerse del calor. Su guía le explicó lo esencial que era que los trabajadores y los visitantes tuvieran mucho cuidado alrededor del horno y que respetaran su impresionante calor.

Dios debe ser tratado con mayor respecto aún. Es más ardiente, más blanco y más infinitamente puro que ese horno de fundición. Como expresó el escritor de Hebreos: «Puesto que nosotros estamos recibiendo un reino inconmovible, seamos agradecidos. Inspirados por esta gratitud, adoremos a Dios como a él le agrada, con temor reverente, porque nuestro "Dios es fuego consumidor" (He. 12:28-29).

La seriedad y el respeto reverencial deben caracterizar siempre nuestro acercamiento a Dios. Tenemos un acceso asombroso a través de Jesús, pero no debemos aproximarnos a Él de manera casual como lo haríamos con un compañero de clase. Él es mucho más grande que cualquier ser terrenal; Él es Dios Todopoderoso. Imagina cómo actuarías si fueras a conocer al presidente de los Estados Unidos o al rey de Inglaterra; no bromearías, ¿verdad? Ellos merecen respeto. Cuánto más merece el Rey del universo nuestra reverencia y nuestro asombro continuos.

Escucha cómo lo expresan los ángeles: «Digno eres, Señor y Dios nuestro, de recibir la gloria, la honra y el poder, porque tú creaste todas las cosas; por tu voluntad existen y fueron creadas» (Ap. 4:11; cp. 5:9-13). Un alma reverente: ¡esa es la manera de proceder!

Venerar

Cuando reverencias a Dios de verdad, descubrirás que Él obra en ti a través del Espíritu, y te enamorarás cada vez más profundamente de Él. De hecho, lo adorarás en toda Su plenitud: Padre, Hijo y Espíritu Santo. Y cuando lo hagas, cumplirás el mayor mandamiento, como explicó Jesús: «El más importante es: "Escucha, Israel: El Señor nuestro Dios es el único Señor. Ama al Señor tu Dios con todo tu corazón, con toda tu alma, con toda tu mente y con todas tus fuerzas"» (Mr. 12:29–30). ¡Un corazón que adora tiene la sonrisa de Dios sobre él!

Adorar

La cúspide de la devoción se alcanza cuando la reverencia y la contemplación producen una adoración apasionada que, a su vez, hace que nuestros corazones se desborden en acción de gracias y alabanza en palabras y canciones. El gran Jonathan Edwards describió su experiencia de esta manera (y hermanos jóvenes, no se dejen intimidar por el lenguaje de hace siglos). Escuchen atentamente: «A menudo, caminando solo por los bosques y lugares solitarios, para meditar, para el soliloquio, la oración y el diálogo con Dios [...] siempre era mi costumbre, en esos momentos, cantar mis contemplaciones [...] La oración me parecía tan natural como el aliento por el cual se desahogaban las ardientes pasiones de mi corazón».[38]

Al adorar, es natural orar, leer o cantarle la Palabra de Dios de vuelta a Él. Los Salmos son perfectos para esto porque son un manual de adoración. Por ejemplo, Salmos 146-150, los últimos cinco salmos, comienzan y terminan con «¡aleluya!», que significa «¡alabado sea el Señor!». Y el salmo 150 repite «alabad al Señor» en cada frase.[39] (Consulta www.GodlyYoungMan.org para una lista de los salmos que enriquecerán tu devoción y adoración, disponible solo en inglés).

También existen algunos himnos fabulosos del Nuevo Testamento, por ejemplo, los que están en Lucas, comenzando por el *Magnificat* de María (Lc. 1:46-55). Está también el himno de Cristo en Colosenses 1:15-18, los himnos de la encarnación en Juan 1 y Filipenses 2, así como los himnos celestiales de Apocalipsis 4 y 5.

Y, por supuesto, está la música de la iglesia. Los himnos y cantos espirituales de la iglesia son las fuentes más ricas de alabanza poética a las que se ha puesto música. Además, hay muchas canciones e himnos nuevos y hermosos que han surgido en nuestros días, muchos de ellos convenientemente en primera persona. (Consulta www.GodlyYoungMan.org para listas de canciones de adoración y alabanza personal, disponible solo en inglés).

Caballeros, nuestra devoción privada debe elevarse en alabanza espontánea desde nuestros corazones, ayudada por las Sagradas Escrituras y los cantos de la iglesia. Háganlo, ¡y sentirán cómo se eleva su alma con los santos y los ángeles!

Sometimiento

¿Requiere la adoración algo más? Sí, la presentación de nuestros cuerpos, de nuestras vidas enteras, en un acto supremo de adoración. Así es como Isaías culminó su gran experiencia con Dios: «¡Aquí estoy! Envíame a mí» (Is. 6:8). De manera similar, después de que el gran apóstol Pablo canta en una doxología de adoración «Porque de Él, por Él y para Él son todas las cosas. A Él sea la gloria por siempre. Amén» (Ro. 11:36), inmediatamente nos llama a la sumisión: «Por lo tanto, hermanos, tomando en cuenta la misericordia de Dios, ruego que cada uno de ustedes, en adoración espiritual, ofrezca su cuerpo como sacrificio vivo, santo y agradable a Dios» (Ro. 12:1).

Tomás à Kempis hizo de esto la primera parte de su adoración diaria, usando la oración de sumisión: Como tú quieras; lo que tú quieras; cuando tú quieras.[40] Nuestra devoción debe culminar en una entrega consciente de cada parte de nuestra personalidad, cada ambición, cada relación y cada esperanza a Dios para Su servicio. Hecho esto, hemos alcanzado el punto más alto de la devoción personal.

Recuerda, la devoción personal no puede ni debe reducirse a una lista de verificación: ¿Meditación? (¡listo!); ¿Confesión? (¡listo!). A veces, puede que solo hagamos confesión. Otras veces, la adoración puede ocupar un tiempo prolongado. Habrá momentos en los que cada área se cubra en unos pocos minutos.

Pero una cosa es segura: no ocurrirá sin disciplina. La razón por la cual muchos jóvenes nunca tienen una vida devocional eficaz es que no la planifican. No saben lo que es una vida devocional saludable porque nunca se han tomado el tiempo de averiguarlo. No oran porque no apartan tiempo para ello. Su carácter no crece con el de Cristo porque no exponen sus vidas a Su luz pura. Sus voluntades permanecen torcidas porque no se atan a Él.

La pregunta para los hombres sin devoción es una muy masculina: ¿Somos lo suficientemente hombres para meditar? ¿Para confesar? ¿Para adorar? ¿Para someternos? ¿Para esforzarnos y perseverar?

Alimento para el pensamiento

¿Cuánto tiempo pasas generalmente en conversación con Dios? En tu opinión, ¿por qué es la oración una parte importante del caminar cristiano?

¿Qué te sugiere la palabra *meditación*? ¿Por qué deberías meditar en el Señor y en su Palabra? (Ver Sal. 1:2; Ap. 2:7, 11, 17, 29; 3:6, 13, 22).

¿Qué tiene que ver la devoción con la confesión y viceversa? Consulta Salmos 139:23–24 y 66:18 al respecto.

¿De qué maneras te identificas con la confesión de Isaías en Isaías 6:5? En esos momentos en que te vuelves especialmente consciente de que Dios sabe todo aquello que piensas, haces y dices, ¿te sientes «frustrado»? ¿Por qué, o por qué no?

¿Tienes, por lo general, demasiada prisa por «ver» a Dios o escuchar Su voz? ¿Qué puedes hacer para dedicarle más tiempo?

Te resulta difícil sacar tiempo para meditar, confesar, adorar y rendirte a Dios de manera consciente? ¿Qué barreras o distracciones te lo impiden?

Pregunta/respuesta

¿De qué te ha hablado Dios de un modo más específico y poderoso en este capítulo? ¡Háblale ahora mismo al respecto!

Recursos

Cánticos para disciplinar tu vida devocional disponibles en www.GodlyYoungMan.org (solo en inglés):

- Cánticos para la adoración y la alabanza personal recopilados por Douglas Sean O'Donnell, autor de *God's Lyrics: Rediscovering Worship through Old Testament Songs* [Letras de Dios: Descubriendo la adoración a través de los cánticos del Antiguo Testamento].
- Salmos de alabanza para la adoración personal.

8

LA DISCIPLINA DE LA ORACIÓN

Acabamos de examinar la disciplina de la devoción (la meditación, la confesión, la adoración y la sumisión). Esto establece la base para el siguiente ámbito crucial, el de una vida de oración disciplinada. Necesitábamos ver primero la devoción porque, sin ella, no llegaríamos a la oración; una vez esto en su lugar, podemos ponernos a trabajar.

La oración es un arma vital en la armadura del soldado cristiano. La Biblia nos proporciona una escena fascinante cuando habla de la oración; es una escena que emociona a la mayoría de los jóvenes: la imagen de una batalla. Pero no se trata de una escena de combate corriente de Hollywood sacada de *Troya*, *300* o incluso de *Braveheart.* Aunque pueda parecerlo a primera vista, algo bastante extraordinario está a punto de suceder en el campo de batalla.

Cierra los ojos y visualiza al soldado del siglo I mientras se alista para la batalla. Su corazón late con fuerza bajo su coraza de metal. Mientras se estabiliza, ajusta el cinturón de su armadura y raspa la tierra con sus botas tachonadas, probando su traición. Una y otra vez desliza su gran escudo sobre su cuerpo en anticipación de las flechas ardientes que están por venir. Alza la mano y recoloca su casco; con cuidado, prueba el filo de su espada antes de volver a colocarla en su vaina.

El enemigo se acerca. Las espadas se desenvainan y resuenan en una sinfonía escalofriante. Los guerreros permanecen inmóviles, y respiran con espasmos terribles. Entonces, el soldado creyente hace lo más asombroso. Se arrodilla en honda y profunda oración de ruego, porque ha obedecido las instrucciones divinas para tomar un «arma» más efectiva. Pablo indica: «[Oren] en el Espíritu en todo momento, con peticiones y ruegos. Manténganse alertas y perseveren en oración por todos los creyentes» (Ef. 6:18).

¿Qué significa esto exactamente y cómo lo hacemos? Lo vamos a detallar en cinco elementos clave, necesarios para experimentar por completo el poder de la oración.

Oración inspirada por el Espíritu

Entendamos de dónde parte Pablo cuando insta al soldado cristiano a «orar… en el Espíritu», literalmente una *oración inspirada por el Espíritu*, que es una oración dirigida por el Espíritu Santo. La idea parece bastante clara, pero ¿cómo se hace? La respuesta proviene de un pasaje famoso en el libro de Romanos, donde explica: «Así mismo, en nuestra debilidad el Espíritu acude a ayudarnos. No sabemos qué pedir, pero *el Espíritu mismo intercede por nosotros con gemidos que no pueden expresarse con palabras. Y Dios, que examina los corazones, sabe cuál es la intención del Espíritu, porque el Espíritu intercede por los creyentes conforme a la voluntad de Dios* (Ro. 8:26-27). El Espíritu Santo, quien reside dentro de cada cristiano y, por lo tanto, tiene un conocimiento íntimo y superior de cada uno de nosotros, ora por nosotros y se une a nosotros en nuestra oración, infundiendo sus oraciones en las nuestras para que oremos «en el Espíritu».

¿Alguna vez has querido hablar con Dios, tal vez incluso lo has intentado, pero no sabías qué decir o cómo hacerlo? ¿Quizás has sentido que no podías expresarte a Él como te hubiera gustado? Aquí es donde el trabajo del Espíritu y Sus oraciones por nosotros y en nuestro nombre entran en juego. El Espíritu nos conoce y nos representa ante nuestro Padre celestial, incluso cuando no sabemos qué decir o cómo decirlo. ¡Es asombroso!

El libro de Judas nos reta a desarrollar y disfrutar de este maravilloso fenómeno moldeado por el Espíritu: «Pero ustedes, queridos hermanos, edificándose sobre la base de su santísima fe y *orando en el Espíritu Santo, manténganse vosotros, amados, edificándose sobre la base de su santísima fe y orando en el Esportiu Santo, manténganse en el amor de Dios*» (Jud. 20-21). *¡Orar en el Espíritu es la voluntad de Dios, y Él empodera para aquello que Él quiere!*

Dos cosas sobrenaturales ocurren cuando nuestras oraciones están impulsadas por el Espíritu: Primero, el Espíritu Santo nos dice por qué debemos orar. Sin Su ayuda, nuestras oraciones están limitadas tan solo al pensamiento y a la razón humanos. Pero con Su asistencia, se convierten en plegarias informadas por el cielo. Al buscar la ayuda del Espíritu, Él nos hablará a través de Su Palabra, la cual transmitirá a su mente sobre todas las cosas. Así que, en la oración dirigida por el Espíritu, pensaremos los pensamientos de Dios de acuerdo con Él. Sus deseos se convierten en los nuestros, Sus motivos en los nuestros, Sus metas en las nuestras.

Después, al mostrarnos los temas por los que debemos orar, nos da la convicción absoluta de que son la voluntad de Dios. Oswald Sanders, exdirector de *Overseas Missionary Fellowship*, comentó sobre esto: «El mero hecho de que Dios nos imponga una carga de oración en nuestros corazones y nos mantenga orando es prueba *prima facie* de que tiene la intención de conceder la respuesta. Cuando le preguntaron a George Muller, de Bristol, si de verdad creía que dos hombres por cuya salvación había orado durante más de cincuenta años se convertirían, respondió: "¿Crees que Dios me habría mantenido orando todos estos años si no tuviera la intención de salvarlos?". Ambos hombres se convirtieron, uno poco antes y el otro después de la muerte de Muller».[41]

Tener semejante dirección segura en la vida de oración no es inusual. Yo (el anciano de Carey) tuve una convicción similar respecto a mi hermano, quien vino a Cristo después de haber orado por él durante treinta años. Cuando el pueblo de Dios de verdad «ora en el Espíritu», recibe una dirección y una convicción similar, no solo respecto a personas, sino también sobre eventos, proyectos e incluso naciones enteras.

El segundo beneficio de «orar en el Espíritu» es que suministra la energía del Espíritu Santo para la oración. Es el Espíritu quien puede ayudar a orar con fe y poder incluso a las personas más cansadas, deprimidas e incluso enfermas.

¡Chicos, aprendan a orar en el Espíritu! Tengo una lista de oración, y en la parte superior he escrito para recordármelo a mí mismo: «Ora en el Espíritu». Es un recordatorio constante para mí de esperar pacientemente en el Señor, pidiéndole al Espíritu que guíe mis oraciones. Mi lista contiene numerosas entradas antiguas por las que oro con regularidad, pero también quiero estar conscientemente abierto al Espíritu, para que invada mi lista con regularidad, como Él quiera, con nuevas oraciones y con su energía.

John Bunyan, el hombre que escribió *El progreso del peregrino*, declaró: «La oración es una expresión sincera, sensata y afectuosa del corazón o del alma hacia Dios, a través de Cristo, en la fuerza y la asistencia del Espíritu Santo, por aquellas cosas que Dios ha prometido, o según la Palabra de Dios, para el bien de la iglesia, con sumisión en fe a la voluntad de Dios».[42] Trabajen arduamente en aprender a derramar su corazón y su alma ante Dios en la fuerza y la asistencia del Espíritu Santo.

La oración continua

El siguiente ingrediente de la oración de petición es que sea continua. No es lo que podrías estar pensando, esas largas y extensas oraciones en la iglesia que parecen no tener fin. Su significado real es orar «en todo momento», por todo. Este tipo de oración resume la práctica de la Iglesia en el libro de los Hechos. «Se mantenían firmes en la enseñanza de los apóstoles, en la comunión, en el partimiento del pan y en la oración» (Hch. 2:42). Pablo indicó a los tesalonicenses: «Oren sin cesar» (1 Ts. 5:17) y recomendó a los filipenses: «No se preocupen por nada; más bien, en toda ocasión, con oración y ruego, presenten sus peticiones a Dios y denle gracias» (Fil. 4:6).

La oración continua tampoco significa andar con los ojos cerrados, en súplica ininterrumpida. Francamente, es imposible mantener un diálogo constante mientras estamos en clase o comiéndonos la cena. Pero la oración a la que se insta aquí no es tanto cerrar los ojos, juntar las manos y pronunciar palabras audibles, sino más bien la inclinación y la actitud de nuestros corazones. Como lo expresó Thomas Kelly: «Hay una manera de ordenar nuestra vida mental en más de un nivel a la vez. En un plano podemos estar pensando, discutiendo, viendo, calculando, atendiendo todas las exigencias de los asuntos externos. Pero en lo profundo, entre bambalinas, a un nivel más profundo, también podemos estar en oración y adoración, cantando y alabando, con una suave receptividad a los susurros divinos».[43]

De modo que, como podemos ver, una vida de oración continua no solo es posible, sino que algunos la viven de verdad. Pablo nos reta a entender que una vida de oración no es solo para tu ministro o tu pastor de jóvenes, o para la élite espiritual, sino para todos nosotros, ¡y eso te incluye a ti! La oración continua es la voluntad de Dios para cada cristiano, sin excepciones. Podemos hacerlo; tú puedes hacerlo. Ciudadanos mayores, padres, graduados universitarios, estudiantes, trabajadores, todos pueden hacerlo. Podemos y debemos mantener un diálogo interior continuo con Dios.

La oración variada

El tercer aspecto de la vida de oración es que es variada: «con toda oración y súplica". Un poco más adelante en la Biblia, leemos que Pablo escribe algo muy similar a su amigo Timoteo. "Así que recomiendo, ante todo, que se hagan plegarias, oraciones, súplicas y acciones de gracias por todos» (1 Ti. 2:1).

Básicamente, Pablo está señalando que, al orar sin cesar, también oraremos de diversas maneras. No nos limitaremos a repetir las mismas palabras una y otra vez, sino que, como la vida misma, las circunstancias y las necesidades son variadas; así serán también nuestras plegarias. La oración variada surge de lo que acabamos de ver sobre orar sin cesar, porque si actuamos así, las diversas situaciones con las que nos encontremos exigirán diversidad de plegarias.

Tómate un segundo para imaginar algunas situaciones ahora mismo y luego piensa cómo variarían tus oraciones en consecuencia. Cuando estés tentado, orarás por autocontrol; cuando estés solo, orarás por conocimiento de la presencia de Dios; cuando no estés seguro de qué decisión tomar, orarás por sabiduría; cuando estés en problemas (¡y no solo en un examen escolar!), orarás por la ayuda de Dios; y así continúa la diversidad de la vida y la oración variada.

Floyd Pierson, un trabajador jubilado de *Africa Inland Mission*, era un hombre que literalmente oraba «en toda ocasión con toda clase de oraciones y peticiones». Tal era su hábito que, a los setenta años, cuando fue a hacer un examen de conducir, le comentó al examinador: «Siempre oro antes de ponerme al volante; incline la cabeza conmigo». ¡Lo más probable es que el examinador se preguntara lo mal conductor que sería si tenía si tenía que orar antes de ponerse en marcha! Podemos imaginarlo ajustando su cinturón de seguridad y poniendo su mano sudorosa en la manija de la puerta. ¡Pierson aprobó! Aparte del humor, hay algo bastante hermoso aquí: el testimonio espontáneo de una realidad espiritual interior vibrante que surge con todo tipo de oraciones y peticiones.

La oración persistente

El cuarto aspecto de la oración eficaz es la persistencia: «Oren en el Espíritu… Manténganse alertas y perseveren en oración» (Ef. 6:18). Éxodo 17 describe a Moisés como un anciano, sobre una colina, con los brazos alzados hacia el cielo, orando por Israel, que libraba una despiadada batalla con los amalecitas, abajo en el valle. Mientras sus brazos estaban en el aire, Israel ganaba, pero cuando se cansaba y sus brazos empezaban a decaer, los amalecitas dominaban. El pobre Moisés se angustiaba cuando la ley de la gravedad atraía sus manos hacia la destrucción. Pero entonces llegaron Aarón y Hur, sus dos amigos, que colocaron una piedra bajo

Moisés y, colocándose cada uno a un lado, sostuvieron sus manos elevadas hacia Dios hasta que el sol se ocultó y llegó la victoria. Esa historia enfatiza de una forma memorable que existe un poder asombroso en la oración persistente.

En una de sus parábolas sobre la oración, El Señor escenificó lo que quería de todos los creyentes:

Y les contó una parábola para mostrarles que debían orar siempre sin desanimarse. Les dijo: «Había en cierto pueblo un juez que no tenía temor de Dios ni consideración de nadie. En el mismo pueblo había una viuda que insistía en pedirle: "Hágame usted justicia contra mi adversario". Durante algún tiempo él se negó, pero por fin concluyó: "Aunque no temo a Dios ni tengo consideración de nadie, como esta viuda no deja de molestarme, voy a tener que hacerle justicia, no sea que con sus visitas me haga la vida imposible"» (Lc. 18:1-5).

Lo que Jesús quería señalar es que Dios *no* es como el juez perverso que solo concede las peticiones a regañadientes cuando se le incomoda; más bien Dios se deleita en contestar las oraciones de sus hijos, ¡y por ello debemos perseverar en la oración! Una vez más, vemos la insistencia de Jesús en la persistencia en su Sermón del Monte. «Pidan y se les dará; busquen y encontrarán; llamen y se les abrirá» (Mt. 7:7).

Este estilo de vida de oración constante es el que Pablo tiene en mente cuando llama a la oración de ruego e insta: «Manténganse alertas y perseveren en oración» (Ef. 6:18).

Jóvenes hermanos, la oración puede ser una tarea difícil. La oración persistente es, tal vez, incluso más dificultosa, pero ahora es el momento de desarrollar una vida de oración regular y constante. Si no te esfuerzas ahora, cada vez será más complicado. ¿Estás desarrollando una vida de oración persistente? Deberías, porque Dios responde ese tipo de plegarias.

La oración intercesora

El quinto aspecto de la oración es la de intercesión, «por todos los santos». En pocas palabras, la oración de intercesión por los santos es la oración que se hace por los hermanos creyentes. Existen muchas oraciones realmente buenas, pero Jesús subraya la importancia de interceder por otros cristianos.

Con su llamado a orar «por todos los santos», Pablo no tiene problema en pedir que oren por él mismo. «Oren también por mí para que, cuando hable, Dios me dé las palabras para dar a conocer con valor el misterio del evangelio, por el cual soy embajador en cadenas. Oren para que lo proclame valerosamente, como debo hacerlo» (Ef. 6:19-20). Pablo sabía lo que las oraciones de los demás podían hacer por él.

Las oraciones por los demás traen gracia a sus vidas. Pocas personas saben que el estupendo logro de William Carey, el gran misionero en la India y célebre fundador de las misiones modernas, fue impulsado por su hermana postrada en cama, quien oró por él durante más de cincuenta años.

Qué hermosa es la anatomía quíntuple de la oración de petición: *en el Espíritu*, «orando en el Espíritu»; *continua*, «orando en todo momento»; *variada*, «con toda oración y súplica»; *persistente,* «mantente alerta con toda perseverancia»; *e intercesora,* «haciendo súplica por todos los santos». ¡Ciertamente estamos retados y motivados! Pero la pregunta es, ¿cómo debemos orar de esta manera? A continuación se incluye algún consejo muy práctico.

La práctica de la oración de ruego

La lista de oración

Una lista de oración es fundamental para la oración de ruego eficaz. Yo (de nuevo el anciano Hugues) señalo esto en primer lugar por mis propias experiencias repetidas. Por ejemplo, yo estaba orando por mi madre y, mientras lo hacía, vi nuestra antigua casa familiar del 747 de la avenida Edmaru. En frente, mi Ford 1941 gris imprimado estacionado. Tiene llantas de carreras en la parte trasera, un motor Merc del 48 modificado, y en el costado, una decoración personalizada que mostraba mi coche quemando llantas sobre las palabras *Swing Low, Sweet Chariot* [Balancéate bajo, dulce carruaje». (Era, por supuesto, un coche «cristiano»). De repente, vuelvo a tener diecisiete años, llevo mi chaqueta de gamuza azul, estoy sentado tras el volante dorado y metalizado, y me dirijo por el bulevar Beach hacia Huntington Beach. Puedo oler el océano y el bronceador de cacao. ¡Adiós a la oración por mamá!

Por ello necesito una lista de oración. Sin duda, incluso aunque usemos una lista, nuestra mente seguirá divagando. Pero si esto ocurre, tenemos la copia impresa de nuestra lista para hacernos volver.

Y cuando estemos especialmente propensos a la distracción, podemos colocar nuestro dedo índice sobre el nombre o la necesidad, y orar con los ojos bien abiertos, pasando de una oración a otra de esta manera. Ambos los animamos de corazón a intentarlo. ¿Por qué no tomarse un descanso ahora mismo y encontrar un cuaderno que pueda convertirse en su lista de oración, y anotar los pocos nombres de personas y cosas por las que quieres orar con regularidad?

Cada cristiano debería tener una lista de oración que incluya, entre otras cosas, los nombres de su familia y amigos. Tal vez, con el tiempo, incluso una novia o prometida. Y además, la lista debería ser detallada, con elementos personales bajo los nombres de las personas más cercanas a él. Hemos descubierto que las pequeñas notas adhesivas colocadas bajo encabezados ayudan a mantener nuestras listas actualizadas.

Francamente, no podríamos avanzar en absoluto sin una lista de oración, no solo porque domestica nuestras mentes errantes, sino también porque asegura que no descuidaremos las cosas importantes para nosotros, incluidas las muchas solicitudes de oración personales que recibimos. Sin una lista de oración, nuestras promesas de «orar por ti» serían palabras vacías. Además, una lista de oración es perfecta para llevar un registro de las respuestas a las oraciones. Te sorprenderás cuando mires atrás y veas todo lo que Dios ha hecho.

Caballeros, si no tienen una lista de oración, comiencen poco a poco. Simplemente enumeren las relaciones y los asuntos más importantes para ustedes en una fica de tarjeta de índice de siete centímetros y medio por doce centímetros y medio [3"x5"] (o en su teléfono inteligente); añadan algunos detalles bajo los nombres y pónganla en su billetera para una referencia diaria. Aquí tienen una garantía: si la usan, mejorará enormemente su vida de oración.

Tiempo de «tranquilidad»

A continuación, necesitas algo de tranquilidad. Somos muy conscientes de que la tranquilidad es a menudo difícil de conseguir. Puede que tengas hermanos y hermanas menores que hacen que la tranquilidad sea difícil, y también están tu iPod, Internet y tu teléfono celular.

Y, ¡oh sí! Está el problema del silencio, ya que el silencio ocasional que encuentras puede distraerte porque realza otros ruidos que distraen. ¡El silencio a veces es más ruidoso que el ruido que estás tratando de ignorar! Así que necesitas elegir la situación que funcione mejor para ti. Puede estar dominada por el ruido de la carretera, pero si ese es el ambiente que necesitas para concentrarte, para ti es «tranquilidad». Úsala.

Lugar

Junto con el tiempo de tranquilidad, debes encontrar un lugar donde no te molesten. Al principio de mi ministerio, mi oficina estaba en una caravana de siete metros y medio [25 pies]. Mi secretaria a tiempo parcial estaba al otro lado de una delgada pared de madera contrachapada. ¡Podía escucharlo *todo*! Y por si eso no fuera suficiente, todo el tráiler temblaba cuando se abría la puerta.

Mis soluciones fueron muchas y todas fuera del lugar: la hermosa iglesia antigua vecina con sus bancos vacíos, el parque, la anonimidad de mi coche estacionado en un concurrido centro comercial. Incluso hoy, aunque ahora tengo una oficina tranquila, a menudo voy a lugares similares para mis devociones. Chicos, sean originales. Puede que su habitación no sea el mejor sitio; en su lugar, podría escoger su garaje o la esquina de su cafetería favorita. El lugar idóneo para ustedes será aquel en el que no se sientan molestados o distraídos.

Tiempo

También intentamos dar nuestro mejor tiempo a la oración, que para la mayoría de nosotros no es justo antes de irnos a la cama. Los últimos momentos adormilados rara vez pueden dedicarse a una intercesión inteligente y sostenida (¡excepto, tal vez, si tienes un examen final por la mañana!).

Aquí es instructivo el hábito de Jesús: "Levantándose muy de mañana, siendo aún muy oscuro, salió y se fue a un lugar desierto, y allí oraba" (Marcos 1:35). La verdadera pregunta para ti es: ¿Cuándo es tu mejor momento para participar en la oración? Puede que no sea por la mañana, tal vez sea a la hora del almuerzo, antes de la cena o en un descanso en el trabajo. Ese es el momento para hacerlo.

Postura

Cierto hombre no podía encontrar la postura adecuada para la oración. Intentó orar de rodillas, pero no era cómodo; además, arrugaba su ropa. Intentó orar de pie, pero pronto se cansaron sus piernas. Intentó orar sentado, pero no le parecía reverente. Entonces, un día, mientras caminaba por un campo, cayó de cabeza en un pozo abierto. ¡Y oró como nunca antes lo había hecho!

En serio, tu postura de oración puede marcar la diferencia. Aunque la Biblia menciona numerosas posturas para la oración, no prescribe ninguna. Lo importante es que tu postura fomente una atención reverente. Arrodíllate unas veces, otras, camina por la habitación, y otras, siéntate. Hay momentos para levantar las manos y otros para estar postrado en el suelo. El factor clave es la actitud del corazón.

Preparación

En cuanto a la preparación para la oración, la practicidad sincera es de suma importancia. Un hombre necesita a veces una ducha y afeitarse. Si te gusta el café, como a nosotros, una buena taza de café es un licor divino. De nuevo, lo más importante no son los detalles físicos, sino la condición y la postura del corazón. Usa todo lo que te ayude a enfocarte en el Señor. Sin embargo, no te distraigas tanto preparándote que no llegues nunca a orar. Puedes haber preparado el mejor expreso del mundo, pero si te tomó tanto tiempo que no llegaste a orar, fue la peor preparación que podrías haber hecho.

Duración

A menudo, las mejores oraciones son cortas y apasionadas. Lutero mismo afirmó: «Asegúrate de no intentar hacerlo todo, no procures hacer demasiado, no sea que tu espíritu se canse. Además, una buena oración no debe ser demasiado extensa. No la alargues. La oración debe ser frecuente y ferviente». Un compromiso legalista con la duración puede sofocar tu vida de oración.

La disciplina de la oración de ruego

La práctica de la oración, la *lista*, la *tranquilidad*, el *lugar*, el *momento*, la *postura*, la *preparación* y la *duración* sugieren una cosa: disciplina.

Trabajo

Francamente, la oración es trabajo, no es un deporte. No es algo que haces porque te gusta ni a lo que dedicas tu tiempo libre, o que solo haces si se te da bien.[44] La oración es la tarea adecuada del alma que ama a Cristo: «Oren en el Espíritu en todo momento, con peticiones y ruegos. Manténganse alertas y perseveren en oración por todos los creyentes» (Ef. 6:18). ¡Es una llamada a trabajar!

Nunca debemos esperar hasta sentir ganas de orar, de lo contrario, es posible que nunca oremos, a menos que, quizás, caigamos de cabeza en un pozo abierto. Como vimos, el contexto del llamado de Pablo a orar en Efesios 6 es la guerra espiritual, ¡y la oración es exactamente eso! Los hombres cristianos se enfrentan al mundo y oran. Trabajo y guerra, guerra y trabajo: estas son las palabras que debemos mantener ante nosotros si queremos convertirnos en jóvenes hombres de oración.

Un trabajo medido

Una vez entendido esto, también tenemos que comprender que no debemos comprometernos en exceso, sobre todo si estamos empezando. Cuando nos sentimos verdaderamente retados, tendemos a afirmar: «Me comprometo a dos horas de oración diaria, voy a leer la Biblia dos veces este año, voy a practicar todos los días las disciplinas de devoción (la meditación, la confesión, la adoración, la sumisión) y también la disciplina de la petición. ¡Voy a tener una lista de oración que lo cubra todo!». Esto te durará unos tres días, ¡quizás!

Es mejor comprometerse con algo más pequeño y mantenerlo, como quince minutos, con quizás cinco minutos de lectura bíblica, cinco minutos de meditación y cinco minutos de oración disciplinada. Un tiempo regular de devoción y oración se convertirá en un hábito, y el hábito de la oración dará alas a tu vida espiritual.

En este sentido, el Dr. J. Sidlow Baxter compartió en una ocasión una página de su propio diario pastoral con un grupo de pastores que habían preguntado sobre la disciplina de la oración. Comenzó contando cómo en 1928, al comenzar como ministro, estaba decidido a ser un verdadero hombre de oración. Sin embargo, no pasó mucho tiempo antes de que sus crecientes responsabilidades pastorales y deberes administrativos comenzaran a dejar de lado la oración. Además, comenzó a acostumbrarse a ello, buscando excusas para sí mismo.

Entonces, una mañana, todo llegó a un punto crítico mientras él estaba de pie frente a su escritorio lleno de trabajo y miraba su reloj. La voz del Espíritu lo llamaba a orar. Al mismo tiempo, otra pequeña voz aterciopelada le decía que fuera práctico y respondiera la correspondencia, y que debería afrontar el hecho de que no era del tipo «espiritual»; solo unas pocas personas podían ser así. «Esa última observación», declara Baxter, «me dolió como si me clavaran una daga. No podía soportar pensar que fuera verdad». Le horrorizó su habilidad de encontrar la explicación lógica al fundamento mismo de su vitalidad y su poder ministeriales.

Esa mañana, J. Sidlow Baxter examinó profundamente su corazón y descubrió que había una parte de él que no quería orar y otra que sí. La parte que no quería formaba sus emociones; la parte que sí quería era su intelecto y su voluntad. Este análisis abrió paso a la victoria. En palabras inimitables del Dr. Baxter:

> Como nunca antes, mi voluntad y yo nos enfrentamos cara a cara. Le formulé una pregunta directa: «¿Estás listo para una hora de oración?». La voluntad respondió: «Aquí estoy, completamente listo, si tú lo estás». Así que la voluntad y yo nos enlazamos y nos preparamos para nuestro tiempo de oración. En ese momento, todas las emociones comenzaron a tirar en la dirección contraria y protestaron: «No vamos a venir». Vi que la voluntad titubeó un poco, así que pregunté: «¿Puedes aguantar, voluntad?», y ella respondió: «Sí, si tú puedes». Así que la voluntad siguió adelante, y nos pusimos a orar, arrastrando esas emociones revoltosas y una imaginación rebelde con nosotros. Fue una lucha todo el tiempo. En un momento, cuando la voluntad y yo estábamos en mitad de una intercesión ferviente, de repente descubrí que una de esas emociones traidoras había atrapado mi imaginación y se había ido al campo de golf; y lo único que pude hacer fue arrastrar al bribón de vuelta. Un poco más tarde, descubrí que otra de las emociones se había llevado algunos pensamientos descuidados y estaba en el púlpito, dos días antes de lo previsto, predicando un sermón que aún no había terminado de preparar.
>
> Al final de esa hora, si me hubieras preguntado: «¿Has tenido un "buen tiempo"?», habría tenido que responder: «No; ha sido una lucha agotadora con emociones contrarias y una imaginación ausente de principio a fin». Además, esa batalla con las emociones continuó entre dos y tres semanas, y si me hubieras preguntado al final de ese período: «¿Has tenido un "buen tiempo" en tus oraciones diarias?», habría tenido que confesar: «No; a veces parecía como si los cielos fueran de bronce, como si Dios estuviera demasiado lejos para escuchar, el Señor Jesús extrañamente distante, y la oración no lograra nada».
>
> Sin embargo, algo estaba sucediendo. Por un lado, la voluntad y yo realmente enseñamos a las emociones que éramos

completamente independientes de ellas. Además, una mañana, alrededor de dos semanas después de que comenzara el desafío, justo cuando la voluntad y yo íbamos a otro tiempo de oración, escuché a una de las emociones susurrar a las demás: «Vamos, chicas, no tiene sentido seguir resistiéndonos: ellos van a ir de todos modos». Esa mañana, por primera vez, aunque las emociones aún eran repentinamente poco cooperativas, al menos estaban tranquilas, lo que permitió que la voluntad y yo pudiéramos continuar con la oración sin distracciones.

Luego, un par de semanas después, ¿qué crees que sucedió? Durante uno de nuestros tiempos de oración, cuando la voluntad y yo no estábamos pensando en las emociones como en el hombre en la luna, una de las emociones más vigorosas se levantó inesperadamente y gritó: «¡Aleluya!», a lo que todas las demás emociones exclamaron: «¡Amén!». Por primera vez, todo mi ser, intelecto, voluntad y emociones, se unió en una operación de oración coordinada.[45]

Alimento para el pensamiento

¿Por qué la imagen de la guerra es apropiada para considerar la disciplina de la oración (ver Ef. 6:18)? Aplica esto a tus propias victorias y derrotas respecto a la oración.

¿Qué te dicen Romanos 8:26-27 y Judas 20 sobre el Espíritu Santo y la oración? ¿Por qué son las verdades importantes aquí para ti en lo personal?

Revisa la imagen de la oración descrita en la historia de Moisés en Éxodo 17. (¿Recuerdas que los brazos se cansaban?). Hablando de forma práctica, ¿qué cosas podemos hacer para ayudarnos unos a otros a persistir en la oración? Sé tan específico como puedas.

¿Para qué pide oración Pablo en Efesios 6:19-20? ¿Quieres que otros cristianos oren por ti en ese ámbito? ¿Por qué o por qué no? ¿Qué tiene que ver la acción por tu parte con orar según estas líneas?

¿Te resulta difícil encontrar suficiente tiempo y un lugar tranquilo apartado de las interrupciones para tus momentos de oración? ¿Por qué? ¿Por qué tu vida es demasiado ajetreada o porque existen lealtades contradictorias que prefieres ignorar?

¿Qué puedes hacer tú de manera práctica para orar con mayor frecuencia y prepararte mejor para los momentos de oración cuando estos llegan?

Pregunta/respuesta

¿De qué te ha hablado Dios de un modo más específico y poderoso en este capítulo? ¡Háblale ahora mismo al respecto!

El carácter

9

LA DISCIPLINA DE LA LENGUA

Estoy seguro de que puedes imaginar la escena. Estás con amigos en la escuela, bromeando y riendo, pero de repente las bromas se vuelven un poco hirientes hacia alguien más. Te unes, ¿por qué no? Todos los demás lo están haciendo, además, todo es en buena onda, ¿verdad? Pero luego, mientras caminas a casa, te sientes un poco inquieto contigo mismo por haber dicho cosas bastante crueles. O ¿qué tal cuando estás en casa con tu familia y tu hermana pequeña te está molestando *mucho*? Algo dentro de ti se rompe, y dices algunas cosas desagradables que sabes que la harán alejarse, aunque también la lastimarán.

Controlar lo que decimos es una disciplina difícil de dominar. A veces, todos pronunciamos frases de las que después nos arrepentimos. O tal vez te resulta difícil decir cosas amables a la gente aunque quizás, en el fondo, en realidad querías hacerlo. En este capítulo, el objetivo es ayudarnos a disciplinar nuestro discurso. Esto se menciona con frecuencia en la Biblia como «la lengua». Aunque solo es un músculo más en tu cuerpo, y bastante pequeño por cierto, tiene un poder increíble para hacer tanto el bien como el mal. ¡Las palabras son realmente poderosas!

Lo sabrás tú mismo cuando los conocidos en la escuela dicen cosas amables o desagradables. Pueden alegrarte el día o estropeártelo. Así que cuando llegas a la escuela sintiéndote bastante mal porque las cosas en casa no han estado tan bien, y solo deseas esconderte por un tiempo, y un compañero de clase se acerca y te dice algo agradable o incluso te distrae hablando de otra cosa, puede alegrarte el día. Del mismo modo, tal vez te has estado sintiendo realmente bien y las cosas te están saliendo bien, pero luego un chico en tu clase de idiomas, con su lengua mordaz, decide pincharte con algo. Puede arruinar tu día, e incluso tu semana.

El poder interior

Santiago sabía muy bien lo poderosas que pueden ser las palabras. Lo describe de esta manera: «Cuando ponemos freno en la boca de los caballos para que nos obedezcan, podemos controlar todo el animal. Fíjense también en los barcos. A pesar de ser tan grandes y ser impulsados por fuertes vientos, se controlan por un pequeño timón a voluntad del piloto. Así también la lengua es un miembro muy pequeño del cuerpo, pero hace alarde de grandes hazañas» (Stg. 3:3-5).

El caballo es un animal increíblemente poderoso. Puede cargar un peso de 250 kilogramos (lo mismo que un levantador de pesas olímpico puede levantar por encima de su cabeza) y apenas resoplar. Ese mismo caballo, sin carga, puede correr cuatrocientos metros (un cuarto de milla) en unos veinticinco segundos. ¡Un caballo es media tonelada de poder puro! Sin embargo, colócale una brida y un freno en la boca, y una mujer diminuta que sepa qué hacer subida a su lomo, puede hacerlo bailar literalmente.

Santiago observó algo similar en las naves antiguas, donde barcos pequeños y grandes eran guiados por un timón sorprendentemente pequeño. Hoy en día sigue siendo lo mismo, ya sea una lancha acrobática o el *USS Constitution*. Quien controla el timón controla el barco.

Así sucede con la lengua, esa curioso «protuberancia móvil carnosa» unida al suelo de la boca.[46] «La lengua es un miembro muy pequeño, pero se jacta de grandes cosas», afirma Santiago (v. 5). Aunque solo pese cincuenta y seis gramos (dos onzas), tiene el poder de moldear el destino. Las vidas de Adolf Hitler y Winston Churchill son un testimonio memorable de los lados oscuros y brillantes del poder de la lengua. Al otro lado del Canal, el *führer* ejercía su influencia sobre multitudes con sus discursos hipnóticos. En el otro lado, los brillantes y medidos discursos del primer ministro mantuvieron unida a una nación tambaleante durante su «hora más oscura».

Pero no es preciso contemplar los conflictos entre las naciones para entender la verdad de las palabras de Santiago. Nuestras propias vidas son prueba suficiente. Nunca dudes del poder de la pequeña lengua, ni la subestimes.

El poder destructor

La mayor preocupación de Santiago es el poder destructivo de la lengua: «¡Qué gran bosque se incendia con tan pequeña chispa! También la lengua es un fuego, un mundo de maldad entre nuestros órganos. Contamina todo el cuerpo y, encendida por el infierno, prende fuego a todo el curso de la vida» (vv. 5-6).

Las cosas que dices con tu boca tienen un potencial increíble para hacer daño, como sugiere la imagen del fuego. Eran las nueve de un domingo por la noche en octubre de 1871, y la pobre vaca de la Sra. O'Leary derribó el farol mientras la ordeñaban, provocando el Gran Incendio de Chicago. Ese desastre ennegreció cinco kilómetros y medio [3,5 millas] de la ciudad, destruyendo más de 17.000 edificios. El fuego duró dos días y se cobró más de doscientas cincuenta vidas. Una tormenta de fuego a partir de una chispa, literalmente.

La lengua puede incinerar las relaciones humanas; puede prender incendios espirituales. La chispa de una palabra mal dicha puede producir una tormenta de fuego que quema todo cuanto toca. Es posible que tú mismo hayas experimentado esto. Cuando alguien dice algo cruel, o se propaga un chisme, puede destruir sentimientos, amistades y relaciones para siempre.

Sin embargo, la Biblia enseña que el mayor problema es que la lengua mancha «todo el cuerpo... prende fuego a todo el curso de la vida» (Stg. 3:6). ¿Lo sabías? ¿Sabías que tus palabras pueden afectar a toda la trayectoria de tu existencia? Las palabras son graves.

Santiago ha capturado nuestra imaginación con imágenes del poder incendiario de la lengua. Ahora agrega el toque final: que la lengua misma es «encendida por el infierno». ¿El infierno? ¡Realmente Santiago está dando una vuelta más de tuerca! El significado de la palabra *infierno* que usa el apóstol se refiere a un lugar que era un vertedero de basura continuamente en llamas fuera de Jerusalén, un lugar de fuego y suciedad donde, como indicó Jesús, «no morirá el gusano... ni su fuego se apagará» (Mr. 9:48).

¿Alguien puede no entenderlo? ¡La lengua descontrolada tiene una conexión directa con el infierno! Alimentada por este, quema vidas humanas con sus fuegos sucios.

El veneno verbal

Santiago no nos dice cómo se muestra el poder destructivo de la lengua en el discurso humano, porque sabe que no tendremos problemas para establecer las conexiones, sobre todo si tenemos nuestras Biblias.

Los chismes

Los chismes están entre los tipos más destructivos del discurso. Ya sabes, rumores, habladurías. También sabes cómo suelen empezar, con frases como estas: «¿Te has enterado de que...?» o «Nunca adivinarías lo que he escuchado...», o «Me han dicho que...», o «No se lo cuentes a nadie, pero...» o «No creo que sea verdad, pero he oído que...», o «No te lo diría, pero sé que no lo vas a contar por ahí». Y tienes claro cómo funciona, porque el lunes por la mañana en la escuela o en la universidad, lo primero de lo que la gente habla es de lo que escucharon que pasó el sábado por la noche, o de lo último en la página de Facebook de alguien. Santiago nos enseña que los chismes siempre están mal comoquiera que se empaqueten.

El rey Salomón nos dejó este proverbio sabio y muy cierto: «Los chismes son deliciosos manjares; penetran hasta lo más íntimo del ser» (Pr. 18:8). Los chismes se reciben con avidez y los oyentes los almacenan como bocados sabrosos en una fiesta. Pero las palabras no residen en el estómago, sino en el alma de los oyentes, donde hacen su obra oscura. Los chismes son la comida rápida de la cultura actual. Hermanos, no tengan nada que ver con los chismes. ¡Son un infierno!

Insinuaciones

Un primo del chisme es la insinuación: un ataque velado a la reputación de otro. Considera la conocida historia del primer oficial de un barco que, tras una borrachera, fue anotada por el capitán en el cuaderno de bitácora: «primer oficial borracho hoy». ¿La venganza del primer oficial? Unos meses después, mientras estaba de guardia, escribió su propia entrada en el registro: «Capitán sobrio hoy». El capitán había dicho la cruda verdad; el primer oficial también lo hizo, pero la insinuación sugirió lo contrario: que el capitán era un borracho. Así sucede con la palabra no que no se pronuncia, con el silencio incómodo, las cejas levantadas, la mirada interrogante, todo ello cargado de insinuación y de la miseria del infierno.

Las lisonjas

Lisonjear implica decirle algo a alguien en la cara que no dirías a sus espaldas. Dios nos advierte repetidamente contra los aduladores porque con frecuencia tienen motivos engañosos: «El que adula a su prójimo le tiende una trampa ante sus pies» (Pr. 29:5). «La lengua mentirosa odia a sus víctimas; la boca lisonjera lleva a la ruina» (Pr 26:28). «Corte el Señor todo labio lisonjero y toda lengua jactanciosa, que dice: "Venceremos con la lengua"» (Sal. 12:3-4).

La crítica

¿Te resulta fácil criticar a los demás? Los cristianos lo hacen con frecuencia. Quizás esto se deba a que al señalar los defectos de otras personas nos sentimos mejor con los nuestros. Una vez, durante un servicio donde hablaba el famoso predicador del siglo XVIII, John Wesley, vislumbró a una mujer en la audiencia conocida por su actitud crítica. Durante todo el servicio, ella miraba con desaprobación su nueva corbata. Cuando concluyó la reunión, se acercó a él bruscamente: «¡Señor, sus corbatas son demasiado largas! ¡Es un agravio para mí!». El predicador preguntó entonces si alguna de las damas presentes llevaba unas tijeras en su bolso. Cuando se las entregaron, se las dio a la mujer y le pidió que recortara los lazos de la corbata a su gusto. Después de que ella los cortara cerca del cuello, él inquirió: «¿Está segura de que ahora está bien?». «Sí, ahora está mucho mejor», respondió ella. «Entonces présteme esas tijeras un momento», le pidió el predicador. «Estoy seguro de que no le importará si también yo le aplico un poco de corrección. Debo decirle, señora, que su lengua es un agravio para mí, ¡es demasiado larga! Por favor, sáquela… me gustaría recortarla un poco».

Antes de criticar a otros, verifica tu propia lengua. ¡Podrías necesitar recortarla primero! Un espíritu crítico no es un don espiritual; es perjudicial y debe evitarse.

Desprestigiar a los demás

En el capítulo 4, Santiago escribe: «Hermanos, no hablen mal unos de otros» (4:11), literalmente, «No se *hagan de menos* unos a otros, hermanos» o, como lo parafrasea la versión *The Message*: «No se difamen unos a otros». Santiago no permite ningún tipo de habladuría (sea verdad o mentira) que menosprecie a otra persona. Personalmente, no se nos ocurren muchos mandamientos que vayan tan en contra de la conducta aceptada por lo general, porque la mayoría de las personas piensan que está bien criticar a otro si es verdad. Por ello, muchos cristianos caen en la trampa de despreciar a otros con una actitud farisaica, porque «después de todo… es verdad».

Existen muchas razones pecaminosas por las cuales los hermanos en Cristo podrían menospreciar a otro. Hacer a otro de menos puede provenir de una necesidad inconsciente de elevarse a uno mismo, como el fariseo que agradecía a Dios que no era como los otros pecadores «ni como ese recaudador de impuestos» (Lc. 18:11). ¡Qué nivel! Otros pueden imaginar que su espiritualidad los capacita para señalar los errores de los demás. ¡Imaginación falsa!

Menospreciar a los demás es tan fácil caer en ello, como cuando estás con un grupo de personas (a quienes quieres que te acepten) y están diciendo cosas sobre alguien a quien no les gusta; es tan fácil "irse con la corriente" y unirse. A veces, este menosprecio de otros simplemente proviene de mucho hablar vacío. Los chicos no tienen mucho de qué hablar, así que avivan las conversaciones con la carne y la sangre de otros. Agradable.

Hermanos, todos somos hábiles para justificar tales conversaciones, pero la Palabra de Dios sigue hablando: "Hermanos, no hablen mal unos de otros". El veneno verbal viene en muchas formas: *el chisme, la insinuación, la lisonja, la crítica y el menospreciar a otros* son solo algunos de los venenos que salen de los labios.

Religión sin valor

Entonces, ¿qué nivel de espiritualidad dirías que tienes? El libro de Santiago afirma que la verdadera prueba de la espiritualidad de un joven no es su habilidad para hablar, sino más bien su capacidad para controlar su lengua. Santiago escribe: «Si alguien se cree religioso, pero no le pone freno a su lengua, se engaña a sí mismo y su religión no sirve de nada» (1:26).

Una lengua fuera de control sugiere una religión falsa, independientemente de lo bien que se lleve a cabo la devoción. Esto es algo grave. Jesús mismo dejó esto claro en un acalorado intercambio con los fariseos: «Si tienen un buen árbol, su fruto es bueno; si tienen un mal árbol, su fruto es malo. Al árbol se le reconoce por su fruto. ¡Camada de víboras, ¿cómo pueden ustedes que son malos decir algo bueno? De la abundancia del corazón habla la boca» (Mt. 12:33-34). *Tu lengua nunca dejará de revelar lo que hay en tu interior.*

Santiago no se refiere a que aquellos que a veces dicen cosas incorrectas tengan una religión sin valor. Todos somos culpables de esto. No nos convertimos de repente en «no cristianos» por chismear, criticar a otros, menospreciar u ofrecer una adulación hipócrita. Sin embargo, lo que él está diciendo es que si un hombre cree que está haciendo algo increíble con Dios, pero vive con una lengua fuera de control, «se engaña a sí mismo» y su «religión no sirve para nada» (Stg. 1:26).

Lee el libro de Santiago en la Biblia y verás que ofrece consejos prácticos sobre cómo afrontar la vida cotidiana. Encontrarás cosas que de verdad te ayudarán a vivir para Jesús. Podríamos resumir esta última sección con estas palabras: la religión verdadera controla la lengua.

Entonces, caballeros, ¿cómo lo están haciendo?

- ¿Hablan ustedes demasiado?
- ¿Expresan insinuaciones ingeniosas que dan a entender cosas malas sobre otros?
- ¿Son los menosprecios uno de sus placeres habituales?
- ¿Adulan a otros para manipularlos?
- ¿Elevan a las personas con sus palabras o las hacen de menos?

La lengua disciplinada

Cuando se ofrece a Dios, la lengua posee un poder increíble para el bien. Puede proclamar el mensaje transformador de la muerte y de la resurrección de Jesús. Puede ayudar a otros a crecer en la piedad al compartirles la Palabra de Dios. Tiene el poder de sanar cuando confesamos nuestros pecados y pedimos perdón por el mal hecho. También puede ser una herramienta poderosa para la adoración al exaltar el nombre de Jesús. ¡Tu lengua es realmente una fuerza poderosa! ¿Cómo decidirás usarla, para el bien o para el mal?

En lugar de criticar a un hermano, tienes la oportunidad de pronunciar palabras amables que lo edifiquen y lo animen. Cuando alguien te inspira, ¿por qué no expresar tu gratitud directamente a esa persona? ¡Aprovecha la oportunidad para alegrar el día de alguien! Recuerda el sabio consejo que nuestros padres siempre nos dieron: «Si no tienes algo bueno que decir, mejor no digas nada». Es un consejo que vale la pena seguir, ¿no crees?

Como hombres jóvenes, la responsabilidad recae en ustedes. Deben disciplinar su lengua. Sin disciplina, no puede haber piedad. Es tan sencillo como eso. ¡Sé un hombre que toma las riendas!

Considera una experiencia crucial en la vida del profeta Isaías, que ofrece un marco para manejar tu lengua. El encuentro de Isaías fue extraordinario, con un terremoto, ángeles con seis alas y un carbón ardiente aplicado a sus labios. Aunque tu experiencia puede no ser tan dramática, el impacto puede ser similar mientras preparas tus palabras para servir a Dios.

La confesión

Primero, cuando Isaías vio al Señor, confesó su pecado: «¡Ay de mí, que estoy perdido! Soy un hombre de labios impuros… mis ojos han visto al Rey, al Señor de los Ejércitos» (Is. 6:5). Hermanos, como hombres jóvenes, pecamos con nuestras lenguas con demasiada frecuencia, aunque la periodicidad y la gravedad de nuestros pecados varían de un hombre a otro. Cualquiera que sea tu situación, debes comenzar por confesar sinceramente tus pecados específicos. No inventes ninguno. Ya tienes suficientes pecados propios.

La purificación

Luego, tras la confesión de Isaías, fue purificado de su pecado: «En ese momento voló hacia mí uno de los serafines. Traía en la mano una brasa que, con unas tenazas, había tomado del altar. Con ella me tocó los labios y me dijo: "He aquí que esto ha tocado tus labios; tu iniquidad ha sido quitada, y tu pecado ha sido perdonado"» (vv. 6-7). La confesión verdadera trae limpieza y perdón, como si un carbón encendido fuera presionado sobre tus labios.

Aquí te sugerimos que antes de seguir leyendo, te tomes un tiempo para confesar los pecados de tu boca, cualesquiera que sean. Una vez hecho esto, es importante que te comprometas a orar con regularidad y de manera específica por tu lengua.

¡Disciplina!

Finalmente, una vez confesados los pecados de tus labios y habiendo sido perdonado y limpiado, estás listo para comprometerte con la disciplina de tu lengua. Esto es algo serio y puede cambiar por completo el curso de tu vida. Llegados a este punto, hemos enumerado algunos compromisos útiles que Dios, por Su gracia, te ayudará a cumplir, porque son Su voluntad:

- Decir siempre la verdad en amor (Ef. 4:15).
- Abstenerse de participar en chismes (Pr. 16:28; 17:9; 26:20).
- Abstenerse de la adulación insincera (Pr. 26:28).
- Abstenerse de criticar a los demás (Stg. 4:11).
- Abstenerse del humor degradante (Ef. 5:4).
- Abstenerse del sarcasmo (Pr. 26:24-25).
- Memorizar versículos que enseñan el uso adecuado de la lengua. (Ver en www.GodlyYoungMen.org la lista de los proverbios que tratan sobre la lengua, disponible solo en inglés).

Hermanos, ¡disciplínense con el propósito de la piedad!

Alimento para el pensamiento

Las palabras de los demás pueden alegrar o estropear tu día. ¿De qué maneras te han ayudado o lastimado las palabras de otros?

¿Qué imagen de la lengua, en Santiago 3, te llega más directo (un fuego, un freno de caballo, el timón de un barco)? ¿Cómo has intentado domar tu lengua? ¿Funcionó? ¿Cómo te ha ayudado Dios?

¿Criticas a veces a los demás? ¿Disfrutas hablando a espaldas de alguien? ¿Cómo te sientes después? ¿Qué tipo de conversación debería reemplazar al chisme?

¿Alguna vez te has encontrado involucrado en la falsa adulación? Si es así, ¿qué esperabas ganar? ¿Qué tipo de conversación debería reemplazar a la adulación?

¿Qué mandato sobre la lengua encontramos en Santiago 4:11? Identifica de nuevo los motivos detrás de semejante discurso y qué tipo de palabras deberían reemplazarlo.

Pregunta/respuesta

¿Qué te habló Dios de manera más específica y poderosa en este capítulo? ¡Háblale a Él al respecto ahora mismo!

Recursos

Recursos para disciplinar tu lengua disponibles en www.GodlyYoungMan.org (solo en inglés):

- Sesenta y ocho proverbios seleccionados sobre el uso de la lengua.

10

LA DISCIPLINA DEL TRABAJO

Muchos de ustedes que están leyendo este libro sentirán la tentación de saltarse este capítulo, por muchas razones diferentes. Algunos de ustedes pensarán que no es aplicable a su caso, porque aún están en la escuela o en la universidad. Otros se limitarán a pasar al siguiente capítulo solo porque no están seguros de cómo el trabajo forma parte de su vida cristiana. Si por estas u otras razones están considerando seguir adelante, ¡no lo hagan! Las páginas siguientes son de una importancia increíble y no deben ser pasadas por alto. Así que anímense y hagan el trabajo.

Mucha gente piensa en el trabajo como una dura tarea que hay que soportar para ganar algo de dinero, y poder costearse la vida. Como resultado, las personas suelen quejarse a menudo del trabajo y desearían no estar allí. Si necesitas pruebas de esto, se dice que el 80 % de los trabajadores estadounidenses no obtiene satisfacción alguna de sus empleos.[47] Para la gran mayoría, el trabajo es aburrido y sin sentido. Para aquellos de ustedes que aún no están trabajando, ¡esto no les da mucha esperanza ni emoción para lo que está por venir! Sin embargo, una vida disciplinada y piadosa implicará una vida laboral espiritualmente disciplinada y una profunda satisfacción.

De media, solo uno de cada cuatro empleados entrega su mejor esfuerzo en el trabajo, y aproximadamente el 20 % del tiempo del trabajador promedio se desperdicia, produciendo, en efecto, una semana laboral de cuatro días.[48] Este no debería ser el caso para un seguidor de Jesús. El otro lado de la moneda es el tipo que se convierte en un adicto al trabajo y lo sacrifica todo por el bien de su empleo. Su profesión se convierte en la prioridad número uno y todo lo demás viene detrás. Entonces, ¿cómo logra un joven el equilibrio correcto? Como hombres cristianos, necesitamos tener una ética de trabajo guiada por la Palabra de Dios, vivida en el trabajo y en la iglesia. Así que consultemos qué dice la Palabra de Dios.

Lo que la Biblia dice sobre el trabajo

La doctrina cristiana del trabajo es importante porque, desde el inicio del mundo, Dios da instrucciones a Adán respecto a trabajar. Y recuerda que esto ocurre en un mundo perfecto: el trabajo sucede en un mundo perfecto. «Dios el Señor tomó al hombre y lo puso en el jardín del Edén para que lo cultivara y lo cuidara» (Gn. 2:15). A partir de esto, debemos llegar a la conclusión de que el trabajo es bueno, aunque en la cultura de derechos de hoy en día, a menudo se nos lleva a pensar que es malo y deshumanizante.

También conocemos a Dios el Creador como un trabajador en Génesis 1:1-2:2. De hecho, toda esa sección es un registro del trabajo divino, que termina con el fantástico informe de que cuando Él acabó Su obra creativa, «descansó porque había terminado toda la obra que había emprendido» (Gn. 2:2).

La enseñanza de Génesis 1 es que «Dios creó al hombre a su imagen» (1:27). Entonces, si Dios mismo es un trabajador, tiene sentido que nosotros también lo seamos ya que, desde luego, no estamos por encima de Él. Por lo tanto, nuestra forma de trabajar revelará cuánto hemos permitido que la imagen de Dios se desarrolle en nosotros. Hay un gran respeto propio en el trabajo y en ser trabajadores. No olvides quién fue el primer trabajador: ¡Dios! Él avaló el trabajo cuando Él mismo trabajó (en la creación del mundo) y al mandarle al primer humano (Adán) a trabajar. Amigos, debemos meternos esto en la cabeza: ¡nuestro trabajo le importa a Dios!

El trabajo bajo la maldición

Entonces vemos que Dios es un trabajador y que el hombre, creado a Su imagen, es un trabajador y, por lo tanto, el trabajo es bueno. Pero luego vino la caída y la maldición: «Por cuanto hiciste caso a tu esposa y comiste del árbol del que te prohibí comer, ¡maldito será el suelo por tu culpa! Con sufrimiento comerás de él todos los días de tu vida. La tierra te producirá cardos y espinas, y comerás hierbas silvestres. Te ganarás el pan con el sudor de tu frente, hasta que vuelvas a la misma tierra de la cual fuiste sacado. Porque polvo eres y al polvo volverás» (Gn. 3:17-19).

La maldición hizo que la naturaleza fuera difícil, con el resultado de que el trabajo se volvió duro para el hombre, por lo que todos tuvieron que ganarse la vida con el sudor de su frente. Hoy en día, las condiciones laborales varían. Algunos sudan más que otros. Podemos estar en una mejor posición que algunos. Pero la norma para el mundo es «trabajo doloroso». ¡Pasa una tarde de rodillas haciendo trabajos de jardinería y sabrás lo que es el trabajo duro! O piensa en cuando tienes una tarea que terminar para la escuela. ¡Eso puede ser algo doloroso de realizar!

Y, lo que es más, la experiencia normal para la humanidad es que el trabajo es un ciclo interminable y fútil. Tomemos de nuevo el ejemplo de la jardinería. Arrancar malas hierbas o cortar el césped: apenas has terminado cuando tienes que volver a empezar porque han vuelto a crecer y están invadiendo otra vez. En Eclesiastés 2:4-10, el escritor describe su éxito profesional al adquirir viñedos, jardines, parques, esclavos, rebaños y tesoros. Era más grande que todos sus amigos y competidores. Lo tenía todo. Pero concluye en el versículo 11: «Luego observé todas mis obras y el trabajo que me había costado realizarlas. Vi que todo era vanidad, un correr tras el viento, y que no había provecho bajo el sol». Y, en el versículo 17, reitera: «Aborrecí también todo el trabajo que hice bajo el sol, pues el fruto de tanto afán tendría que dejárselo a mi sucesor».

El trabajo redimido

Cuando tenemos a Dios en el centro de nuestro trabajo, las cosas cambian. Por supuesto, Él no elimina la maldición y su labor dolorosa y sudorosa, pero sí reemplaza la falta de sentido. Los que confían en Jesús tienen una nueva actitud hacia el trabajo porque, como escribe Pablo: «Porque somos hechura suya, creados en Cristo Jesús para buenas obras, las cuales Dios dispuso de antemano a fin de que las pongamos en práctica» (Ef. 2:10).

Cada uno de nosotros tiene una tarea diseñada eternamente que incluye el trabajo, la habilidad y el lugar para servir. Cualquiera que sea la tarea a la que te ha llamado, estarás capacitado para llevarla a cabo. Y, al efectuar las obras que te ha llamado a hacer, serás cada vez más su «hechura» y tu yo verdadero.

La aplicación de esta verdad a la vida cotidiana es transformadora. No hay distinción entre lo sagrado y lo secular en el trabajo de un cristiano, porque todo trabajo honesto hecho para Dios es sagrado. Hace quinientos años, la nueva comprensión de Martín Lutero sobre esto revolucionó el mundo de su época. Lutero escribió: «Tu trabajo es un asunto muy sagrado. Dios se deleita en él, y a través de él quiere derramar sus bendiciones sobre ti. Este elogio del trabajo debería estar inscrito en todas las herramientas, en la frente y en los rostros que sudan por el esfuerzo».[49] No hay cristianos de primera y segunda clase debido a sus diversos trabajos. Toda tarea es sagrada si se hace para Dios. Ya sea que tu trabajo consista en sacar la basura o ser el director ejecutivo de una gran empresa, si lo estás haciendo para la gloria de Dios, tu trabajo es sagrado. ¡Deja que este pensamiento revolucione tu vida laboral!

Considera estas tres frases:

- «En conclusión, ya sea que coman o beban o hagan cualquier otra cosa, háganlo todo para la gloria de Dios» (1 Co. 10:31).

- «Y todo lo que hagan, de palabra o de obra, háganlo en el nombre del Señor Jesús, dando gracias a Dios el Padre por medio de él» (Col. 3:17).
- «Hagan lo que hagan, trabajen de buena gana, como para el Señor y no como para nadie en este mundo, conscientes de que el Señor los recompensará con la herencia. Ustedes sirven a Cristo el Señor» (Col. 3:23-24).

Cuando el trabajo se convierte en una tarea ardua, ya sean los deberes escolares, las tareas del hogar o un empleo remunerado, y comenzamos a cuestionar por qué lo estamos haciendo, debemos recordar estos versículos. Aunque el trabajo parezca no tener sentido, aún podemos hacerlo para la gloria de Dios mediante la actitud de nuestros corazones, nuestra integridad, nuestra intensidad y nuestra habilidad.

La disciplina del trabajo

Aplicar la disciplina del trabajo se puede hacer de una forma práctica.

Energía

La Biblia es muy clara respecto a la necesidad de trabajar con energía en contraposición con a la pereza. Proverbios se burla de la falsa sabiduría del perezoso: «¿Te has fijado en quien se cree muy sabio? Más se puede esperar de un necio que de gente así. Dice el perezoso: "Hay un león en el camino. ¡Por las calles un león anda suelto!". Sobre sus goznes gira la puerta; sobre la cama, el perezoso. El perezoso mete la mano en el plato, pero le pesa llevarse el bocado a la boca. El perezoso se cree más sabio que siete sabios que saben responder» (Pr 26:12-16; cp. 6:1-6).

En una de las parábolas de Jesús, un siervo que no hace nada es reprendido por su amo: «Siervo malo y perezoso…» (Mt. 25:26). Nadie ha sido fiel a Dios y perezoso al mismo tiempo. Son términos mutuamente excluyentes. No hay manera de escapar a ello: los hombres piadosos son enérgicos y trabajadores.

El entusiasmo

Junto con la energía, tu trabajo debe hacerse con entusiasmo. «Hagan lo que hagan, trabajen de buena gana, como para el Señor y no como para nadie en este mundo» (Col. 3:23). A los Romanos, Pablo les señaló: «Nunca dejen de ser diligentes; antes bien, sirvan al Señor con el fervor que da el Espíritu» (Ro. 12:11).

Es fácil ser entusiasta si tu trabajo destaca, pero no tan fácil si tus labores no están a la vista, como reveló una vez el director de una gran orquesta sinfónica cuando se le preguntó cuál era el instrumento más difícil de tocar. Respondió: «El segundo violín. Podemos conseguir muchos violinistas principales. Pero conseguir a alguien que toque el segundo violín con entusiasmo, ¡es un problema!»

Y así es. Pero, en realidad, realizar tu trabajo con entusiasmo, incluso si no es visible, alcanza a un público mucho más numeroso que el de las orquestas sinfónicas más famosas o los equipos deportivos campeones del mundo. Si realmente pudiéramos ver que nuestro público es Dios mismo, nuestro entusiasmo nunca cesaría.

La sinceridad

Este tercer aspecto de la ética laboral cristiana es muy similar a los dos anteriores: «Esclavos, obedezcan a sus amos terrenales con respeto y temor, y con corazón sincero, como a Cristo. No lo hagan solo cuando lo es estén mirando, como los que quieren ganarse el favor humano, sino como esclavos de Cristo haciendo de corazón la voluntad de Dios. Sirvan de buena gana, como quien sirve al Señor y no a los hombres, sabiendo que el Señor recompensará a cada uno por el bien que haya hecho, sea esclavo o sea libre» (Efesios 6:5–8).

Si has sido formado parte de una clase de gimnasia haciendo flexiones, entenderás el sentido de este versículo. Imagina la escena: El entrenador ordena a todos bajar y comienza a decir «arriba-abajo, arriba-abajo», y todos siguen hasta que él mira hacia la derecha, porque en ese momento la mitad de la izquierda se queda «en espera», hasta que su mirada comienza a volver a la izquierda, momento en que empiezan a hacer flexiones adecuadas de nuevo, y los de la derecha se quedan «en espera». Hay empleados que están en plena acción cuando el jefe está cerca, pero cuando se va, se relajan. Fuera de la vista del jefe, no hay energía ni entusiasmo, ni corazón.

Este es un comportamiento incorrecto. Chicos, debemos trabajar como lo hacemos cuando sabemos que nuestro padre está observando, porque nuestro Padre celestial está observando ¡siempre!

La excelencia

Por último, caballeros, nuestro trabajo debe realizarse buscando la excelencia. Un trabajo verdaderamente cristiano es un trabajo bien hecho. Génesis 1 registra el compromiso de Dios con la excelencia cuando dice: «Dios miró todo lo que había hecho y consideró que era muy bueno» (Gn. 1:31). Los cristianos siempre deben hacer un buen trabajo. Deben esforzarse por ser los *mejores* trabajadores dondequiera que estén. Deben tener las *mejores* actitudes, la mejor integridad y ser los *mejores* en cuanto a fiabilidad. El lema del ejército británico es «Sé el mejor»; es una buena actitud para el cristiano en su trabajo.

Los jóvenes cristianos deben recuperar la verdad bíblica, la verdad de la Reforma, respecto a que nuestro trabajo, por muy humilde que sea, es un llamado divino y, por lo tanto, estamos liberados para hacer nuestro trabajo para la gloria de Dios. Esto llevará a la iglesia al mundo con gran poder. Al comienzo de tu vida adulta, te irá bien sostener esta verdad bíblica de que, por humilde que sea, tu vocación es un llamado de Dios y debe hacerse para Su gloria.

Detengámonos aquí y hagamos un chequeo de la salud laboral de tres puntos. Primero, realiza una evaluación sincera de tu vida usando las Escrituras como estándar mientras respondes a las preguntas:

- ¿Hago mi trabajo para la gloria de Dios?
- ¿Me esfuerzo sinceramente?
- ¿Trabajo con entusiasmo?

- ¿Trabajo de todo corazón?
- ¿Realizo un trabajo excelente?

En segundo lugar, tras una evaluación honesta, confiesa tus pecados. Y, en tercer lugar, entrega tu vida laboral a la gloria de Dios solamente.

Alimento para el pensamiento

¿Qué aprendemos en Génesis 1:1–2:2 sobre el ejemplo que Dios establece como trabajador? ¿Cómo debe aplicarse lo que vemos aquí a nuestra vida laboral?

¿Qué nos señala Génesis 3:17-19 sobre la naturaleza del trabajo? ¿Significa esto que es inútil procurar el cumplimiento o tomar placer en nuestro trabajo?

¿Sobre qué trabajo leemos en Efesios 2:10? ¿Cuál es el origen de este trabajo? ¿Su propósito? ¿Qué debes hacer para experimentar este trabajo en tu vida?

¿Coincides con Martin Lutero en que «Tu trabajo es un asunto sagrado»? ¿Qué puedes hacer para recordar que tu trabajo le importa a Dios?

¿Cuál es la relación entre una ética saludable de trabajo y tu corazón (ver Ef. 6:5-8)?

Pregunta/respuesta

¿Qué cambios prácticos necesitas hacer para aplicar el ser un joven piadoso en el trabajo? ¡Háblale al respecto ahora mismo!

11

LA DISCIPLINA DE LA PERSEVERANCIA

Imagina la descarga de adrenalina si, mientras juegas al baloncesto con los amigos, apareciera LeBron James preguntando: «¿Les importa si me uno a ustedes?». Cada fibra de «aspirante» en su cuerpo estaría de repente en la cancha. ¿Eres golfista? Piensa en lo que le pasaría a tu concentración si Padraig Harrington se uniera a tu grupo. La presencia de profesionales, campeones mundiales y gigantes del deporte sería, como poco, motivadora.

A un nivel espiritual superior, esta verdad también se aplica. De hecho, el autor del libro de Hebreos pinta una imagen impresionante de espectadores celestiales en un intento de motivar e instruir a un pueblo vacilante para perseverar. Esta es la escena: Imagina un gran coliseo, como el de la película épica Gladiador. La multitud está aquí para ver un evento de larga distancia, una maratón. Los corredores incluyen al escritor del libro de Hebreos, los miembros de su iglesia y (porque compartimos su fe) ¡a nosotros también! La «nube de testigos» que llena el estadio son los grandes atletas espirituales del pasado, cada uno ganador de una medalla de oro. Por supuesto, no son testigos vivos, sino «testigos» por el hecho de que su vida pasada da testimonio de una fe monumental y perseverante que, como la de Abel, «a pesar de estar muerto, habla todavía» (He. 11:4). A todos los lugares a los que miran los corredores en la vasta arena, hay un rostro amable asintiendo con ánimo, y diciendo: «Oye, tú puedes hacerlo. Yo lo hice, y tú también puedes». Abraham se acaricia la larga barba y sonríe. Sara guiña un ojo y hace un saludo real. Moisés se acomoda para observar con atención.

Como uno de los corredores, tu corazón está latiendo con fuerza. Tienes miedo y, sin embargo, con todo tu ser quieres hacerlo bien. Pero, ¿cómo? Hebreos 12 responde a lo largo de los siglos con una disciplina ganadora que se puede resumir en cuatro órdenes: ¡Despójate! ¡Corre! ¡Enfoca! y ¡Considera!

¡Despójate!

El llamado a despojarse está claramente expuesto en la línea de apertura: «Por tanto, también nosotros que estamos rodeados de una nube tan grande de testigos, despojémonos de todo peso y del pecado que nos asedia» (He. 12:1). El despojarse alude aquí a deshacerte de forma radical de tu ropa antes de una carrera, como era la costumbre griega en los tiempos antiguos. Hoy en día, los atletas pueden despojarse hasta quedar en licra ajustada, pero en aquel entonces corrían desnudos para que nada les pesara. (¡Gracias a Dios por la licra!)

El escritor ordena una doble eliminación: primero, de todo peso, y segundo, del pecado. El pecado se nos ordena, de manera específica, dejar de lado se describe como «el pecado que nos asedia», es decir, el(los) pecado(s) que se adhieren a nosotros de forma especial y en los que caemos tan fácilmente; «el pecado que nos rodea», como lo denominan las traducciones más antiguas. Ciertos pecados se adhieren a nosotros como imanes y luego nos devoran, aunque pueden no atraer a otros. Hay pecados que no tienen problema para introducirse a través de nuestros ojos, oídos, tacto, gusto y pensamiento, simplemente por el tipo de persona que somos. Del mismo modo, hay pecados que nos resultan poco atractivos, pero que envuelven irresistiblemente a otros. El sexo puede ser el talón de Aquiles para la mayoría de los hombres jóvenes, pero no para todos. Otro hombre que ha ganado control sobre la sensualidad podría estar asediado por una envidia celosa.

Entre los pecados que más nos asedian están:

- Los celos. ¿Odias que otra persona haga las cosas bien o tenga algo que tú quieres?
- El pesimismo. ¿Eres tan negativo respecto a la vida que no puedes ver nunca lo bueno, solo la basura?
- La lujuria. ¿Deseas más, más y más cosas, estatus, sexo?
- El orgullo. ¿Quién está en el centro de tu universo? ¿Gira tu mundo en torno a ti?
- El enojo. ¿Estallas con aquellos que te rodean ante lo más mínimo?
- La mentira. ¿Se han visto tus relaciones manchadas por el engaño?

Estos pecados adherentes son los que nos atraen y nos sujetan con la promesa del placer (aunque sea un placer perverso como el «placer» del enojo o albergar odio), pero solo acarrean decepción y más desesperación. Su camino aterrador hacia la destrucción se ha reflejado sombríamente en la naturaleza miles de millones de veces. Imagina esto: Una mosca se posa en una hoja para probar la dulzura que crece allí. De manera instantánea, tres pelos rojos en la punta, parecidos a dedos, se doblan y tocan las alas de la mosca y la sujetan con firmeza en un agarre pegajoso. El insecto lucha con energía para liberarse, pero cuanto más lucha, con mayor desesperación se cubre de adhesivo. Pronto la mosca se relaja, pero en su mente de mosca «las cosas podrían ser peores», porque extiende su lengua y se deleita con la dulzura mientras es sostenida con mayor firmeza por más tentáculos pegajosos, tal como nos sucede cuando nos revolcamos en nuestros pecados asediantes. Cuando la mosca cautiva está completamente a merced de la planta, los bordes de la hoja se pliegan hacia adentro formando un puño cerrado.

Dos horas después, la mosca es un cadáver vacío y succionado, y el puño hambriento despliega su boca deleitable para otro enredo fácil. Es una alegoría verdaderamente aterradora.

Podría pensar que tu pecado no es un problema tan grande o tan dramático, pero la Biblia llama a acciones extremas. Si queremos terminar bien en la fe, debemos desnudar nuestra alma y «despojarnos de todo peso y del pecado que nos asedia» (He. 12:1). Los rostros amables y conocedores de aquellos que han corrido la carrera antes que nosotros nos invitan a hacerlo. El hecho eterno es: nunca correrás la carrera que tienes por delante si no te despojas de tus pecados adherentes. ¿Cuáles son tus pecados asediantes, los que se adhieren especialmente a ti? ¿Los nombrarás ante Dios? Él los conoce perfectamente. ¿Por qué no hacerlo ahora? En serio, antes de continuar, pasa algún tiempo con el Señor.

Profundizando más, la pregunta es: ¿Qué te «estorba»? De manera específica, *¿cuál es el peso que te estorba?* Lo más probable es que no sea directamente un pecado. Podría ser algo bueno, bueno par otros, pero malo para ti: un lugar, un hábito, un placer, un pasatiempo, un evento, un entretenimiento. Por ejemplo, podrías amar practicar deportes o hacer música, o simplemente disfrutar viendo películas. Obviamente, nada de esto es malo en sí mismo. De hecho, son cosas dadas por Dios y, por lo tanto, buenas. Sin embargo, trágicamente, los seres humanos convierten las cosas buenas en malas. Entonces, tu deporte o tu música podrían haberse convertido en un dios para ti. O las películas que ves pueden alejarte de estar en la iglesia o de pasar tiempo con Dios, o solo llenar tu mente de sonidos e imágenes inútiles. Por lo tanto, se han convertido en pesos, obstáculos. Si estas cosas buenas tiran de ti hacia abajo, debes despojarte de ellas. Sé implacable y deshazte de ellas.

Seamos prácticos y pensemos en uno o dos ejemplos. Para algunos de ustedes que leen esto, puede haber un lugar aparentemente inofensivo (una habitación, una tienda, un parque, un apartamento, incluso una ciudad) que, debido a sus pecados pasados y sus recuerdos de pecado, aún los atrae hacia abajo. Deben despojarse de ese lugar, no ir allí de nuevo y olvidarlo.

Para otros lectores, podría ser necesario dejar atrás a un grupo de amigos. Aunque sea difícil, y aunque tengan buenas intenciones de compartir a Cristo con sus amigos, si sienten que están siendo arrastrados hacia abajo, es mejor seguir adelante.

Esto es hablar de manera radical. ¡Pero es una cuestión de vida o muerte! Tiene que ver con terminar, y terminar bien.

¡Corre!

Despojados y listos para partir, queda una gran cosa por hacer, y es correr: «Corramos con paciencia la carrera que tenemos por delante» (He. 12:1). La perseverancia es algo impresionante y hermoso. Art Carey, escritor y corredor ocasional de maratón, habla de su experiencia de «chocar contra un muro» y luego terminar la Maratón de Boston. Recogemos su historia cerca del final:

> A estas alturas, los rigores de haber corrido casi veinte millas comienzan a notarse. Mi zancada se ha acortado. Mis piernas están tensas. Mi respiración es superficial y rápida. Mis articulaciones se están entumeciendo y están gastadas. Me duele el cuello por todos los golpes que han rebotado en mi columna vertebral. Las ampollas del tamaño de medio dólar escuecen en las plantas de mis pies. Comienzo a sentirme mareado y aturdido. Quiero dejar de correr. He «chocado contra el muro». Ahora comienza la verdadera batalla. Empiezo a subir la primera de muchas largas pendientes… «Heartbreak Hill», la última, la más larga y la más empinada, una lucha de media milla contra la gravedad diseñada para acabar con los débiles y los vacilantes… Las últimas cuatro millas parecen interminables… Finalmente, el perfil distintivo del Prudential Building aparece en el horizonte. Comienzo a acelerar mi paso… Puedo ver la línea amarilla a 50 yardas de distancia. Corro más rápido, moviendo mis brazos, empujando con los dedos de los pies, desafiando los calambres en las piernas para dar una gloriosa patada final… aplausos y vítores… 10 yardas… línea de meta… una explosión de euforia… mi tiempo es de dos horas,

> cincuenta minutos y cuarenta y nueve segundos. Mi puesto, el 1176. Estos números me resultan difíciles de creer, pero si son exactos, he corrido la mejor maratón de mi vida. Aunque los tiempos y los puestos son importantes, y superar un récord personal es emocionante (sobre todo conforme te vas haciendo mayor), el verdadero gozo de la Maratón de Boston es sencillamente acabar… hacer lo que empezaste a hacer.[50]

La perseverancia posee una terrible belleza, y es eternamente hermosa cuando se dedica a la carrera espiritual de la vida real que se nos ha marcado. El sentido de la «perseverancia» bíblica es la fortaleza paciente, el soportar con paciencia hasta el final.

Cada uno de nosotros tiene trazada una carrera específica; el curso para cada corredor es único. Su singularidad está determinada por Dios, quien la traza teniendo en cuenta quiénes somos: nuestros dones, nuestros antecedentes, nuestras responsabilidades, nuestra edad, nuestra salud y, sobre todo, quiénes somos en Cristo. Tu carrera es como ninguna otra. Está señalada para ti, y para nadie más.

Algunas carreras son relativamente rectas; otras están llenas de curvas. Algunas parecen todo cuesta arriba; otras son un sendero plano. No son iguales. Todas las carreras son largas, pero algunas son más extensas. Pero lo asombroso es que cada uno de nosotros (¡sin excepciones!) puede terminar la carrera «puesta delante de nosotros». Puede que no podamos correr tu curso, y tú puedes encontrar el nuestro imposible, pero podemos terminar nuestra carrera y tú la tuya. Todos nosotros podemos terminar bien si elegimos confiar en aquel que es nuestra fuerza y nuestro guía. Podemos experimentar la misma exaltación que el apóstol Pablo sintió al acercarse a la meta: «He peleado la buena batalla, he acabado la carrera, he guardado la fe» (2 Ti. 4:7). Dependiendo de Dios, no hay duda de que podemos terminar «la carrera que tenemos por delante», y terminarla con satisfacción. Quienquiera que seas y dondequiera que estés, ¡puedes hacerlo!

La perseverancia no tiene nada que ver con lo talentoso o dotado que seas, pero tiene todo que ver con tu corazón. En 1981,

Bill Broadhurst participó en la carrera de 10,000 metros del Pepsi Challenge en Omaha, Nebraska. Una cirugía diez años antes por un aneurisma en su cerebro lo había dejado paralizado del lado izquierdo. Pero en esa mañana brumosa de julio, se encontraba con mil doscientos hombres y mujeres atléticos en la línea de salida. Sonó el disparo y la multitud se adelantó. Bill lanzó su pierna izquierda rígida hacia adelante y giró sobre ella cuando su pie tocó el suelo. Su lento ritmo de plop-plop-plop parecía burlarse de él mientras el grupo se alejaba en la distancia. El sudor corría por su rostro y el dolor perforaba su tobillo, pero siguió adelante. Algunos de los corredores completaron la carrera en unos treinta minutos, pero dos horas y veintinueve minutos después, Bill llegó a la meta.

Un hombre se acercó desde un pequeño grupo de espectadores restantes. Aunque agotado, Bill lo reconoció por las fotos en el periódico. Era Bill Rodgers, el famoso corredor de maratón. Rodgers colgó su medalla recién ganada alrededor del cuello de Bill. Aunque terminó el último, la llegada de Broadhurst fue tan gloriosa como la de los más grandes del mundo… porque corrió con perseverancia.

La perseverancia bíblica que se niega a ser derrotada y distraída, supera obstáculos y retrasos, y no se detiene por el desaliento interno o la oposición externa está disponible para todos nosotros. Correr con una perseverancia positiva y conquistadora es algo que está bastante al alcance de cada uno de nosotros… poniendo un pie pesado delante del otro hasta llegar al glorioso final. La carrera no es para los velocistas que se rinden después de cien, doscientos o cuatrocientos metros. Es para los que avanzan con fidelidad… personas como tú y yo. Rápidos o lentos, fuertes o débiles, todos debemos perseverar.

¡Enfócate!

Si nos hemos despojado de todo peso y del pecado que nos asedia, y hemos comenzado a correr con perseverancia nuestra carrera, la carrera que Dios ha puesto delante de nosotros, entonces se nos da el enfoque que garantiza que terminaremos bien. Ese enfoque, por supuesto, es Jesús. Fijemos nuestros ojos en «Jesús, el autor y consumador de nuestra fe» (He. 12:2).

Enfócate en Jesús

El escritor es muy intencional al ordenarnos enfocarnos en Jesús (podría habernos llamado a centrarnos en Cristo o en Cristo Jesús). Debemos concentrarnos en *Jesús*, el Hijo encarnado de Dios, y su carrera como el Dios-hombre aquí en la tierra. Jesús fue el corredor entre los corredores, el mejor de los mejores. Cada obstáculo se le presentó en el camino, pero nunca titubeó, y terminó con gran determinación. Debemos mirarlo a él como nuestro ejemplo, nuestra motivación, nuestra fortaleza y nuestra meta.

Jesús se convirtió en «el autor y consumador de nuestra fe» por la forma en que vivió. Su vida fue literalmente la pionera de nuestra fe. Nunca hubo un milisegundo en el que no confiara en Dios Padre, poniendo en Él todo su descanso. Su confianza en el Padre era tan grande que vivía «de toda palabra que sale de la boca de Dios» (Mt. 4:4). Y continúa siendo «el autor y consumador de nuestra fe» (He. 12:2) por lo que hace en nosotros. Él da el don de la fe (Ef. 2:8-9; Mt. 11:27), y luego la perfecciona en sus hijos (Hebreos 11).

Dado que necesitamos fe para correr la carrera, debemos fijar nuestros ojos en «Jesús, el autor y consumador de nuestra fe» (He. 12:2). Es decir, como indica literalmente el griego, debemos apartar nuestros ojos con deliberación de otras cosas que nos distraen y concentrarnos plenamente en Él, y mantener nuestra mirada allí. No debemos apartar la vista, ni siquiera por un segundo, porque es entonces cuando nos desviaremos del camino.

En la década de 1950, en los días que tus abuelos describirían como «los buenos tiempos», solía haber competiciones atléticas regulares entre los países del Imperio británico. Se llamaban imaginativamente "Los Juegos del Imperio británico". En esta ocasión particular, los dos mejores corredores de milla del mundo iban a enfrentarse. Sus nombres eran Roger Bannister y John Landy. Los medios de comunicación la llamaron la «milla milagrosa», porque

Bannister y Landy eran los dos únicos corredores de milla por debajo de los cuatro minutos del mundo. Bannister fue el primer hombre en correr una milla en menos de cuatro minutos. Ambos corredores estaban en su mejor forma.

La estrategia de Bannister para la carrera fue relajarse durante la tercera vuelta y reservarse para su sprint final. Pero al comenzar esa tercera vuelta, John Landy aceleró, ampliando su ya considerable ventaja. De inmediato, Bannister ajustó su estrategia, aumentando su ritmo y acortando la distancia con Landy. La ventaja se redujo rápidamente a la mitad y, al sonar la campana para la última vuelta, estaban empatados. Landy comenzó a correr aún más rápido, y Bannister hizo lo mismo. Ambos hombres volaban. Bannister sentía que iba a perder si Landy no disminuía la velocidad.

Entonces llegó el famoso momento (repetido miles de veces) cuando, en la última zancada antes de la recta final, la multitud rugió. Landy no pudo escuchar el paso de Bannister y miró hacia atrás, una falta de concentración fatal. Bannister lanzó su ataque y ganó ese día la «milla milagrosa» por cinco yardas. Si queremos terminar la carrera que estamos corriendo, debemos seguir mirando hacia adelante, hacia Jesús, seguir confiando en Su Palabra y en Sus promesas.

Enfócate en Su Enfoque

Junto con centrarnos en Jesús, debemos enfocarnos en su enfoque: «El cual, por el gozo puesto delante de él soportó la cruz, menospreciando el oprobio» (He. 12:2). El enfoque de Jesús en el gozo venidero de Su resurrección, ascensión y entronización a la diestra de Dios, además de las alegrías de salvar a un pueblo para Sí mismo, lo fortalecieron para soportar la terrible agonía de la cruz cuando se hizo pecado por nosotros (2 Co. 5:21). Al hacer esto, despreció la vergüenza de la cruz. Es decir, no pensó para nada en la vergüenza, la desechó con desprecio como algo insignificante. Jesús hizo todo esto porque conocía plenamente la alegría sin límites, danzante, interminable que estaba por venir. ¡Wow! ¡Qué Dios tan maravilloso!

Ahora, ¿estás listo para la noticia asombrosa? ¡La alegría inefable de Jesús es nuestra alegría! ¡Su gozo es el gozo que se nos ha puesto delante! ¿Cómo puede ser esto? La respuesta es que somos uno con Él. Cristo está en nosotros, y nosotros estamos en Él (2 Co. 5:17). Donde está Cristo, ¡allí estamos nosotros! Dios ya nos ha sentado con Cristo en los lugares celestiales, «para mostrar en los siglos venideros las sobreabundantes riquezas de su gracia en su benignidad para con nosotros en Cristo Jesús» (Ef. 2:7). Somos «herederos de Dios y coherederos con Cristo, si es que padecemos juntamente con él, para que juntamente con él seamos glorificados» (Ro. 8:17). ¡La alegría sin límites, danzarina, interminable de él será nuestra!

Dudar de esto es dudar de la santa Palabra de Dios. Si nos enfocamos en el gozo que Cristo ha puesto delante de nosotros, soportaremos las cosas difíciles de este mundo y desecharemos cualquier vergüenza en la que incurramos por seguirlo, como si no fuera nada. Y correremos la carrera para Su gloria.

¡Considera!

Para concluir su famoso desafío de «correr con paciencia la carrera que tenemos por delante» (He. 12:1), el escritor de Hebreos reafirma el mandato de enfocarse en Jesús en términos adecuados para el atleta: «Así, pues, consideren a aquel que perseveró frente a tanta oposición por parte de los pecadores, para que no se cansen ni pierdan el ánimo» (He. 12:3). La frase «no se cansen ni pierdan el ánimo» era jerga deportiva utilizada en el mundo antiguo para describir el colapso exhausto de un corredor.[51]

Por lo tanto, la manera para que el cristiano evite el colapso espiritual es considerar a Jesús y la oposición que enfrentó por parte de pecadores endurecidos como Caifás, Herodes y Pilato. Considerad cómo los enfrentó con confianza, mansedumbre y fortaleza. No perdamos el gran mensaje de este pasaje: debemos estar totalmente absorbidos por Jesús. Él debe llenar nuestros cielos como la salida del sol por la mañana. Él debe ser nuestro mediodía y nuestra puesta de sol.

Seamos atletas, tengamos nueve, diecinueve o noventa años, todos tenemos una carrera espiritual que correr en este mundo hostil. Estamos rodeados de una gran nube de testigos cuyos ejemplos demandan nuestro mejor esfuerzo: patriarcas como Abraham, Isaac y Jacob; profetas como Moisés, Elías y Daniel; el círculo íntimo de apóstoles como Pedro, Santiago y Juan; mártires como Esteban, Thomas Cranmer y Jim Elliot; grandes predicadores como Martín Lutero, Juan Calvino, Juan Wesley y Charles Spurgeon; misioneros ejemplares como William Carey y Hudson Taylor; nuestros familiares y amigos fallecidos, y muchos más. Sus rostros amables nos invitan a terminar bien. Sus recuerdos susurran: «¡Tú puedes hacerlo! No pierdas corazón. El final llegará antes de que te des cuenta. Aguanta, dulce y valientemente».

Así pues, la disciplina de la perseverancia nos confronta a:

- *Despojarnos.* Debemos deshacernos de cada pecado que se aferra a nosotros, aquellos pecados cuyos tentáculos sedientos de sangre nos enredan fácilmente. Nuestros pecados persistentes pueden no tentar a otros, pero nos destruirán mientras absorbemos su dulzura aparente. Profundizando más, debemos desechar todo lo que nos estorba, incluso las «buenas» cosas. Si no lo hacemos, nunca correremos como debemos. ¿Estás dispuesto a despojarte de lo que sea de manera radical? Esa, caballeros, es la pregunta.
- *Correr.* Luego debemos correr nuestra propia carrera, la carrera que Dios ha establecido ante nosotros. Tu carrera no es nuestra carrera, y la nuestra no es la tuya. Puedes terminar tu carrera. Es la voluntad de Dios. Y Él te dará la fuerza para perseverar mientras corres. ¡Así que hombres, a correr!
- *Enfoque.* Debemos enfocarnos en Jesús. No puede haber miradas distraídas. Jesús debe cubrir el cielo. Él debe ser nuestro centro. Y debemos centrarnos en Su enfoque, en Su alegría porque es la nuestra. Su alegría establecida ante nosotros nos dará el poder para perseverar, incluso despreciando el desdén del mundo.

- *Considera.* Entonces, debemos considerarlo a Él. Nuestra vida debe dedicarse a considerar cómo Él vivió. Debemos correr como lo hizo Jesús, completamente despojados de cualquier cosa que se interponga en nuestro camino. Debemos correr con Él. Debemos correr hacia Él. Debemos fijar nuestros ojos en Él. Debemos enfocarnos en Su enfoque. Él debe ser nuestra consideración constante.

Él nos ha dado a cada uno una carrera que correr. Y podemos hacerlo mientras lo miramos a Él.

Alimento para el pensamiento

¿Cuáles son los pecados adherentes y los pesos (incluso las cosas buenas) que están tirando de ti para abajo, que necesitas desechar? Sé específico.

¿Estás perseverando en tu carrera, en esa carrera única que Dios ha trazado solo para ti y para la que solo te ha equipado a ti? ¿Por qué, o por qué no, sigues perseverando?

¿Qué significa en realidad correr con paciencia la carrera que tienes delante, «mirando a Jesús»?

¿Haces algunas veces como John Landy, que miró atrás y perdió el enfoque necesario para acabar bien? ¿Qué tipos de cosas te hacen mirar atrás? ¿Cómo puedes recuperar de nuevo el enfoque?

¿Cómo pueden ayudarnos en nuestro caminar el ejemplo de «la nube de testigos», esos santos que marcharon antes que nosotros?

Pregunta/respuesta

¿Qué te ha dicho Dios de manera más específica y poderosa en este capítulo? ¡Háblale a Él al respecto ahora mismo!

El ministerio

12

LA DISCIPLINA DE LA IGLESIA

Puede que no sea el trabajo más genial del mundo, pero si Tuvieras que quedarte fuera de una iglesia el domingo, y preguntaras a todos los asistentes por qué vinieron, descubrirías que muchos de ellos estaban allí por su propio beneficio. Les encantaba la adoración, reunirse con amigos les hacía sentir mejor, o les proporcionaba un sentido de pertenecer a algo. Todas estas son razones «aceptables», pero desde luego están del lado egoísta de la vida. De hecho, son algo parecido a una banda de autoestopistas «renacidos», felices de apuntarse al paseo mientras les convenga.

Lo has visto, ¿verdad? Tipos a un lado de la carretera, el pulgar en alto, un cartel de cartón garabateado con su destino deseado, y esperando con paciencia que alguien los recoja y los lleve. Pero, lo que están diciendo en realidad es: «Tú compras el auto, tú pagas las reparaciones, el mantenimiento y el seguro, tú llenas el depósito de gasolina, y yo iré contigo. Pero, si tienes un accidente, ¡estás solo! Ah, y por cierto, si chocas, lo más probable es que te demande». En resumen, toda la experiencia beneficia al autoestopista, pero a costa del dueño del vehículo.

Lamentablemente, así funcionan muchos de los asistentes a la iglesia de hoy. Comentan: «Tú vas a las reuniones y sirves en las juntas y comités; tú gestionas los problemas, haces el trabajo de la iglesia y pagas las cuentas, y yo iré contigo. Pero si las cosas no me convienen, criticaré, me quejaré, refunfuñaré, hablaré mal de la iglesia y, lo más probable es que me vaya; levantaré el pulgar con la esperanza de un viaje mejor».

Esta lealtad condicional está alimentada por una actitud egoísta y centrada en uno mismo, que elige y selecciona aquí y allá para llenar la lista de deseos de su iglesia: la iglesia ideal. Hay autoestopistas que asisten a una iglesia por la enseñanza bíblica, van a otra por su increíble música y acuden a una tercera porque tiene un programa emocionante. Según el encuestador George Barna, el cristiano promedio piensa que «pertenecer a una iglesia es bueno para otras personas, pero que para él mismo[52] representa un equipaje innecesario».

Hoy, al comienzo del tercer milenio, tenemos algo impensable en cualquier otro siglo: cristianos sin iglesia. ¡Están por todas partes! Esto debería ser tan raro como un auto sin ruedas o un pianista sin piano y, sin embargo, hay una gran cantidad de personas que autodenominan cristianas, pero que deambulan de iglesia en iglesia, como un autoestopista, sin ningún lugar al que llamar hogar, sin rendir cuentas, sin disciplina, sin discipulado, sin los beneficios regulares de escuchar la Palabra de Dios y compartir en la Mesa del Señor. Para tomar prestada una idea de hace dos mil años, de Cipriano de Cartago, tienen a Dios como Padre pero ignoran a la iglesia como madre y, como resultado, están atrofiados e incompletos.

¿Por qué se ha vuelto tan desesperante el compromiso con la familia de la iglesia, el cuerpo de Cristo? Parte de la respuesta puede estar en la actitud individualista de muchos cristianos, una actitud que se centra en lo que yo necesito y solo se preocupa por cómo satisfacer mis necesidades.

¿Cuántas veces has oído a un cristiano decir: «Mi relación con Cristo es personal; solo Jesús, yo y mi Biblia»? O quizás: «Asisto a la iglesia que me haga sentir mejor y me ayude a conectar con

Dios». Esta actitud centrada en uno mismo deja a las personas como llaneros solitarios visitando aquí y allá, y sin responsabilidad hacia ninguna familia de la iglesia.

Semejante conducta es, como poco, errónea, peligrosa y no es bíblica. No solo ignora la enseñanza y el testimonio de la Biblia, sino también las palabras de cristianos famosos a lo largo de los siglos, desde San Agustín hasta Lutero, Calvino y la Confesión de Westminster. San Agustín no se anduvo con rodeos: «El desertor de la Iglesia no puede estar en Cristo, ya que no está entre los miembros de Cristo».[53] La idea de un cristiano que no asistiera a la iglesia era impensable para el gran hombre. De modo que, los autoestopistas de la iglesia, los vagabundos que saltan de iglesia en iglesia, los llaneros solitarios espirituales, como quieras llamarlos, son rarezas en la historia de la iglesia cristiana; están cometiendo un gran error y están en gran peligro.

La asombrosa doctrina de la iglesia

Lo que los jóvenes necesitan hoy es ser sacudidos de sus ilusiones y complacencia, y comprender en profundidad la gran doctrina de la iglesia. No hay texto alguno que nos asombre y detone nuestras almas mejor que Hebreos 12:22-24, que revela los siete encuentros explosivos que los cristianos experimentan en la iglesia, en la comunión del cuerpo de Cristo. ¡Jóvenes, aquí no hay pensamientos pequeños!

Primero, con la Ciudad de Dios

«Por el contrario, ustedes se han acercado al monte Sión, a la Jerusalén celestial, la ciudad del Dios viviente» (He. 12:22). El monte Sión era la fortaleza montañosa que el rey David capturó y convirtió en el centro de su reino cuando trajo el arca de oro de la presencia de Dios. Desde ese momento, cuando Salomón construyó el templo para albergar el arca, la ciudad de Sión se convirtió en la morada terrenal de Dios.

Cuando venimos a la iglesia, llegamos a la contraparte celestial de Sión, la Sión/Jerusalén espiritual de lo alto, la verdadera ciudad de Dios. En un sentido, esta ciudad celestial está aún por venir, pero en la actualidad somos a la vez ciudadanos de esta ciudad y podemos disfrutar de sus privilegios ahora, expresados con mayor claridad en la iglesia (Fil. 3:20).

Segundo, con los ángeles

«Se han acercado a millares y millares de ángeles, a una asamblea gozosa» (He. 12:22). En cuanto a estos ángeles innumerables, las Escrituras hablan en otros lugares en términos asombrosos de «millares y millares de sus santos» (Jud. 14) y «millares de millares» (Dn. 7:10) y, en cuanto a su impresionante transporte, «los carros de Dios se cuentan por millares» (Sal. 68:17). ¡Los ejércitos celestiales y sus carros son incontables! Pero, milagro de milagros, en la iglesia llegamos a estos miles de ángeles jubilosos en celebración. ¡Los ángeles están por todas partes, poderosos espíritus llameantes, «espíritus dedicados al servicio divino, enviados para ayudar a los que han de heredar la salvación» (He. 1:14), entrando y saliendo de nuestras vidas, moviéndose a nuestro alrededor y sobre nosotros, uniéndose alegremente a nosotros en la adoración! ¡Ángeles en la iglesia, ángeles por todas partes, cuidándonos!

Tercero, con los herederos primogénitos

«A la iglesia de los primogénitos inscritos en el cielo» (He. 12:23). Así es como funciona: Jesús es el hijo primogénito y heredero de todo en el cielo y en la tierra (Col. 1:15-20). Como cristianos, la Biblia afirma una y otra vez que estamos «en él» (en unión con Jesucristo y los miembros de Su cuerpo). Por consiguiente, todos somos hijos primogénitos y nos pertenecen todos los derechos de la herencia como «coherederos con Cristo» (Ro. 8:17).

Por tanto, cuando vamos a la iglesia, no acudimos a un grupo de parientes pobres en busca de limosnas, sino a la comunión de los herederos primogénitos eternamente ricos. Ninguno de nosotros es segundo o tercero en la línea de herencia. La adoración es, pues, una celebración de lo que Cristo ha hecho y se vuelve aún más jubilosa por la conciencia de nuestro asombroso estatus y nuestra bendición.

Cuarto, con Dios

«A Dios, el juez de todos los hombres». Antes de continuar, tómate un segundo para evaluar cómo te dirigiste a Dios la última vez, ya sea en tu tiempo de oración y adoración personal, en la iglesia o en tu grupo de jóvenes. La Biblia enseña que debemos acercarnos con sobrecogimiento porque Él es el Juez omnisciente cuyo trono está fundamentado en la justicia y el juicio. Sin embargo, aunque debemos acercarnos con el debido asombro y reverencia, lo bueno es que no nos acercamos con miedo porque su Hijo ha llevado nuestro juicio. De hecho, acudimos con audacia: «Así que acerquémonos confiadamente al trono de la gracia, para recibir la misericordia y encontrar la gracia que nos ayuden oportunamente» (He. 4:16).

¿Te hace feliz este pensamiento? ¡Debería! Es simplemente asombroso. Acudir a Dios con audacia humilde es nuestro mayor deleite, y se vuelve más intenso cuando adoramos con otros cristianos para quienes esto también es cierto. ¡Y esto es lo que hacemos cuando nos reunimos en la iglesia!

Quinto, con la Iglesia triunfante

«A los espíritus de los justos que han llegado a la perfección» (He. 12:23). Los triunfantes son aquellos que han muerto y han ido al cielo. Aunque están allí, experimentamos una solidaridad sobrenatural con ellos. La misma vida espiritual que fluye a través de ellos en este momento, también circula a través de nosotros. El mismo misterio de Cristo ha sido revelado a ellos como a nosotros. Cristo es todo para los «santos de arriba» y para los «santos de abajo».

Cuando la iglesia se reúne para escuchar la predicación de la Palabra y estudiar las vidas y las palabras de los Patriarcas, de Moisés, de David, de Pablo y de Pedro, y luego reflexionar sobre el testimonio de creyentes y mártires a lo largo de los siglos, desde Martín Lutero hasta William Carey y Jim Elliot, el cuerpo de Cristo resonará con naturalidad y deseará vivir según el ejemplo de «los espíritus de los justos hechos perfectos».

Sexto, con Jesús

«A Jesús, el mediador de un nuevo pacto» (Heb 12:24). En la Última Cena, Jesús tomó la copa en su mano y dijo: «Esta copa es el nuevo pacto en mi sangre, que es derramada por ustedes» (Lc 22:20). Con eso, Jesús estaba diciendo que el nuevo pacto, como profetizó Jeremías, se estaba inaugurando con su propia muerte y resurrección y que, desde entonces, como predijo ese profeta, escribiría la ley en sus corazones y haría de ellos Su pueblo, y todos lo conocerían, desde el mayor hasta el menor (Jer. 31:31-34). Jesucristo es la fuente y el proveedor de todas estas bendiciones del nuevo pacto para todos aquellos que han puesto su fe en Su muerte y resurrección.

La iglesia es la *comunidad del nuevo pacto* en la que las bendiciones del nuevo pacto son ministradas por el Espíritu vivificador. Aquellos que se comprometen con la iglesia son los que disfrutan del flujo sin restricciones de Sus gracias.

Séptimo, con la sangre rociada

«A la sangre rociada, que habla mejor que la de Abel» (He. 12:24). No te desanimes con esto, porque es lenguaje descriptivo y figurado. ¡No vas empaparte de sangre cuando vengas a la iglesia! Pero vamos a ver qué significa. En Génesis leemos que cuando Abel fue asesinado por su hermano Caín, su sangre clamó pidiendo condenación y juicio; sin embargo, la muerte de Jesús es diferente. Su sangre grita el mensaje opuesto, que es perdón y paz desde la cruz.

¡Este es el mensaje de la iglesia! Hermanos, las Escrituras nos indican que en la iglesia «han llegado» (¡ahora mismo!) a estas siete realidades explosivas: *a la ciudad de Dios, a los ángeles, a los herederos primogénitos, a Dios, a la iglesia triunfante, a Jesús y a la sangre rociada.* ¡No hay pensamientos pequeños aquí!

Escuchen el corazón de John Newton sobre esto:

Salvador, si de la ciudad de Sion
soy miembro por gracia;

que el mundo se burle o tenga lástima,
yo me gloriaré en Tu nombre.[54]

Como jóvenes, ustedes también deben gloriarse en su Salvador, porque estas inmensas verdades nos señalan que la iglesia sobrevivirá al mundo. Como lo expresó Harry Blamires:

> El mundo es como un gran tren expreso que se precipita hacia el desastre, quizás hacia la destrucción total. Y en esta situación verdaderamente desesperada, ciertos pasajeros corren de un lado a otro por los pasillos anunciándose unos a otros que la iglesia está en gran peligro. La ironía de esto sería risible si no fuera tan desgarradora. ¡Qué absurdo, cuando la mayoría de los miembros de la iglesia ya se han bajado del tren en el camino! Y nosotros mismos pronto nos bajaremos de todos modos. Y si el choque llega y el mundo es reducido a cenizas, lo único que sobrevivirá al desastre será, por supuesto, la iglesia.[55]

Hermanos, hacer autostop no es una opción.

Necesitas a la iglesia

Las Escrituras son claras sobre la necesidad de la iglesia: «Preocupémonos los unos por los otros, a fin de estimularnos al amor y a las buenas obras. No dejemos de congregarnos, como acostumbran hacer algunos, sino animémonos unos a otros, y con mayor razón ahora que vemos que aquel día se acerca» (He. 10:24-25). Esta exhortación directa debería ser suficiente por sí misma. Pero existen varias razones más, entre ellas (como argumentaba Cipriano), todos necesitamos una madre. Tomemos la imagen de una madre que ayuda a su niño crecer. ¿Qué hace por su bebé? Lo cuida, lo alimenta, le enseña, lo corrige, lo anima y lo ama, ¿verdad? Lo mismo ocurre con la iglesia. ¡En muchos sentidos es nuestra madre! Nos cuida, nos alimenta, nos enseña, nos corrige y en última instancia nos mejora a través de la enseñanza de la Palabra de Dios y de la comunión de nuestros hermanos y hermanas en Cristo.

Entendiendo, pues, que necesitamos el cuidado de la iglesia, y debemos entender que no creceremos si no nos comprometemos con su vida y su ministerio. Toda la vida cristiana depende del compromiso: con Cristo, con la iglesia, con la familia, con el matrimonio, con la amistad. Ninguno de estos prosperará nunca sin compromiso. Considera esto: No tienes que ir a la iglesia para ser cristiano. Y tampoco tienes que volver a casa para seguir casado. Pero si no lo hacen, resultará en una relación bastante lamentable.

Los inmensos beneficios

Los beneficios que mejoran el alma son los siguientes:

La adoración

Deja que tu alma se eleve hacia Dios en el contexto edificante de la adoración en grupo. Una cosa es adorar en soledad, y otra del todo distinta hacerlo con otros que también aman a Dios, porque al cantar, confesar y afirmar la fe juntos, una intensidad de devoción llena vuestros corazones. Por eso, a los grupos juveniles pequeños les encanta unirse. También por esta razón los cristianos experimentados suelen afirmar que no pueden vivir sin la iglesia.

Escuchar la Palabra

Tu alma necesita alimentarse con regularidad de la Palabra. Nada puede sustituir escuchar junto a otros creyentes, semana tras semana, la exposición sistemática en vivo de la Palabra de Dios, mientras el Espíritu Santo hace Su obra única en las almas de los allí reunidos. Escuchar un CD o un *podcast* del mismo sermón puede ser útil, pero no es lo mismo que escuchar en vivo. Nunca permitas que escuchar al orador más destacado en su *podcast* semanal reemplace tu tiempo de escuchar la predicación en vivo de la Palabra en compañía del pueblo de Dios.

Participa de la Mesa de Comunión

La comunión te refresca con regularidad al recordarte la obra de Cristo cuando tu pastor pronuncia estas palabras al partir el pan:

«Esto es mi cuerpo, entregado por ustedes; hagan esto en memoria de mí» (Lc. 22:19). Reflexiona sobre lo que significa el pan. A continuación, la copa: «Esta copa es el nuevo pacto en mi sangre; hagan esto cada vez que beban de ella en memoria de mí» (1 Co. 11:25), y tu corazón se llena de gratitud y de amor renovados.

Discipulado

Cuando estás comprometido con el cuerpo de Cristo y vives bajo la disciplina del liderazgo de la iglesia, se produce una profundización correspondiente en tu alma, que el corazón no comprometido nunca podrá conocer. Además, los que son lo bastante valientes como para soportar las tormentas que llegan a cada iglesia se parecerán más al Hombre que dio su vida por la Iglesia.

Visión y Misión

La visión y la misión se desarrollan de manera natural en tu alma al unir tu vida a una iglesia centrada en el evangelio, como ha sido la experiencia de tantos jóvenes. Chicos, necesitan el cuidado maternal de la iglesia, sin importar cuán autosuficientes y fuertes puedan ser, porque las Sagradas Escrituras así lo afirman, y porque sin un compromiso con ella jamás se convertirán en el hombre que estaban destinados a ser.

Esta disciplina de la iglesia

Si la gran y magnífica doctrina de la iglesia te dice algo, es que seas quien seas (presidente, fontanero, marino, mecánico, camarero, abogado o misionero), la iglesia debe estar en el centro mismo de tu vida. Además, hacer «autostop» de una iglesia a otra es una aberración, como lo es también el compromiso tibio. Estas son las disciplinas esenciales a las que estamos llamados.

La asistencia

Debes comprometerte a asistir con regularidad a los cultos de adoración de tu iglesia. Asistir al grupo de jóvenes no es suficiente, porque la iglesia incluye a todo el cuerpo de Cristo, no solo a aquellos de una edad similar. Debemos adorar junto con todo el cuerpo de la iglesia; ellos tienen mucho que ofrecerte, y tú a ellos. Tu horario, tu smartphone, tu calendario o tu agenda deben reflejar la profundidad de tu compromiso. Puedes hacer deporte o te puede gustar ver películas, pero cuando el campo, la pantalla o cualquier otra cosa te impide reunirte regularmente con tus hermanos y hermanas, existe un problema.

Hermanos, esta sola disciplina (el compromiso con tu iglesia local) te aportará enormes beneficios a ti, a tu iglesia y a tu futura familia, si Dios te concede una.

La membresía

A menudo, los jóvenes no consideran la posibilidad de unirse formalmente a su iglesia. Cuando te conviertes en miembro, no solo te comprometes a asistir a los cultos regulares de la congregación, sino también a vivir bajo la disciplina del liderazgo eclesial (que es el ideal bíblico). Será una gran bendición para ti porque el pastor y los ancianos deben responder ante Dios por el cuidado de tu alma. La membresía también significa que asumirás la responsabilidad por la vida y la salud de la iglesia.

La participación

La iglesia no es un deporte de espectadores. Tu compromiso debe ir más allá de la asistencia y la membresía. Debes estar dispuesto a servir con tus talentos, por humilde que sea la tarea. Entiende también que los llamados dones y los trabajos de menor importancia son altamente valorados en la casa de Dios (1 Co. 12:12–26). Con frecuencia se escucha a los jóvenes cristianos quejarse: «Oh, la iglesia no hace nada por mí», o «no obtengo nada de ella». Esta es una visión equivocada. La iglesia no es tan solo para tu beneficio, sino para lo que puedes dar a otros a través de tu compromiso con ella.

Dar

Se suele pensar que dar es responsabilidad de los cristianos mayores, que tienen un empleo y ganan mucho dinero. Esto es un error.

Todos los creyentes, ricos y pobres, jóvenes y mayores, están llamados a la gracia de dar (ver capítulo 13). Los jóvenes que desarrollan un corazón generoso desde temprano en la vida se convierten en grandes dadores, y disfrutan de la sonrisa de Dios, como indican las palabras mismas de Jesús: «Hay más dicha en dar que en recibir» (Hch. 20:35). Puede que tengas dieciséis años y solo un trabajo mal pagado los sábados en el mercado, pero te instamos a comenzar con esta bendita disciplina ahora.

La oración

Comprométete a orar más allá del repetitivo «bendice a mi iglesia». Ora por el pastor y por las necesidades de las personas mencionándolas por su nombre. Ora por los ministerios de la iglesia. Este tipo de oraciones derramará gracia sobre el cuerpo de Cristo.

Como hemos visto, la explosiva verdad es que, cuando te congregas con la iglesia, llegas a la ciudad de Dios, a incontables ángeles en celebración, a los primogénitos herederos, a Dios, el juez de todos, a la iglesia triunfante, a Jesús, el mediador del nuevo pacto y a Su sangre rociada que clama perdón. Como tal, la iglesia es la única institución que sobrevivirá al desastre del fin del mundo.

Resuelve ahora mismo disciplinarte para la piedad al unir tu vida a su viaje eterno, dándole tu tiempo, tu dinero, tus oraciones, tu servicio y tu sacrificio. Ustedes son los hombres adecuados. Han sido llamados por Cristo en este momento de la historia. ¡No hay otro tiempo!

Alimento para el pensamiento

¿Por qué ha caído en desuso la idea de la iglesia hoy en día? ¿Por qué no hay más personas comprometidas con el cuerpo de Cristo?

¿Eres un autoestopista de iglesia? Si es así, ¿por qué?

Según Hebreos 12:22-24, ¿qué cosas increíbles se encuentran en la iglesia? Ponlo en tus propias palabras, piensa en ellas y dale gracias a Dios por cada una de ellas.

¿Por qué sientes la tentación de hacer lo que Hebreos 10:25 te indica que no hagas? ¿Qué beneficios podrías perderte si te mantienes alejado de las reuniones cristianas?

Menciona algunas formas en las que podrías contribuir a la vida de la iglesia. ¿Cuáles puedes empecer a hacer de inmediato?

Pregunta/respuesta

¿Qué te ha dicho Dios de manera más específica y poderosa en este capítulo? ¡Háblale a Él al respecto ahora mismo!

13

LA DISCIPLINA DE DAR

Hoy en día, el estilo de vida euroamericano se basa en la tarjeta de crédito:

> Comprar cosas
>   que no necesitas
> con dinero
>   que no tienes
> para impresionar a gente
>   que no te gusta.

Sin embargo, existe una manera mejor, que nos enseña una y otra vez la Palabra de Dios. De hecho, las Escrituras la presentan como una gracia: la gracia de dar, y el crédito es eterno.

La enseñanza más directa sobre este tema se encuentra en 2 Corintios 8, donde el apóstol Pablo instruye a la iglesia de Corinto sobre dar, y presenta el asombroso ejemplo de la generosidad de la iglesia de Macedonia. Comienza: «Ahora, hermanos, queremos que se enteren de la gracia [refiriéndose a la gracia de dar] que Dios ha dado a las iglesias de Macedonia» (v. 1). Para Pablo, dar es una cuestión de gracia, hasta el punto de usar la palabra griega cinco veces en este breve texto: versículo 1 «la gracia» (*charin*); versículo 4 «el privilegio» (*charas*); versículo 6, «este acto de gracia» (*charin*); versículo 7, «este acto de gracia» (*chariti*); y versículo 9, «la gracia» (*charin*). Dar es una cuestión de gracia de principio a fin, como veremos.

Dar por gracia en la historia de Israel

Para comprender del modo adecuado la enseñanza de Pablo sobre dar por gracia, debemos observar las instrucciones previas que Dios le proporcionó al respecto a su pueblo Israel. La mayoría piensa que sumaba más o menos el diez por ciento, pero esto es mucho menos de lo que era en realidad. El pueblo de Dios tenía que cumplir varios requisitos de ofrenda obligatoria, y esto sumaba mucho más.

El Diezmo del Señor

El diezmo básico se denominaba diezmo del Señor o el diezmo de los levitas (porque se destinaba a apoyar su ministerio sacerdotal). Levítico 27:30 recoge: «El diezmo de todo producto del campo, ya sea grano de los sembrados o frutos de los árboles, pertenece al Señor, pues le está consagrado». Esto significaba que una décima parte (el 10 %) de toda la producción y de los animales del pueblo se entregaba a los levitas. Ningún israelita podía excluirse de esto. El hombre que no lo pagara le estaba robando a Dios. Malaquías 3:8 se refiere a esto, al preguntar: «¿Acaso roba el humano a Dios? ¡Ustedes me están robando! Y todavía preguntan: "Robará el hombre a Dios? Pues vosotros me estáis robando. Pero decís: "¿En qué te robamos?". En los diezmos y en las ofrendas».

El Diezmo del Festival

Además de este diezmo inicial del 10 %, había un segundo diezmo, que se denominaba de forma común como diezmo del festival. Según Deuteronomio 12:10-11, 17-18, este diezmo comenzó después de que Israel conquistara la Tierra Prometida, porque se había de dar otro 10 % para una celebración anual, para financiar banquetes con la familia, amigos y sirvientes. Así, mientras que el propósito del diezmo del Señor era apoyar el ministerio de los sacerdotes, el diezmo del festival era para financiar la celebración religiosa y la comunidad entre el pueblo de Dios. ¡Los dos diezmos juntos representaban un gran impacto económico: un 20 % obligatorio!

El diezmo para los pobres

Pero aún se requería más, porque Deuteronomio 14:28-29 ordenaba un tercer diezmo, el diezmo para los pobres: «Cada tres años reunirás los diezmos de todos tus productos de ese año y los almacenarás en tus ciudades. Así los levitas que no tienen patrimonio alguno, los extranjeros, los huérfanos y las viudas que viven en tus ciudades podrán comer y quedar satisfechos. Entonces el Señor tu Dios bendecirá todo el trabajo de tus manos». Esto proveía para el bienestar social de aquellos que no podían mantenerse solos. Como el diezmo era del 10 % por ciento cada tres años, esto supone un 3,3 % al año, lo que asciende a un total del 23 % anual.

Estos tres diezmos obligatorios financiaban el sacerdocio, una fiesta nacional y ayudaban a los pobres. Podríamos pensar: ¡Suficiente!. Pero Levítico 19:9-10 ordenaba aún más, porque también se le mandaba al pueblo que no cosechara los rincones de sus campos ni recogiera todas las uvas de sus viñedos, para dejar esos restos para los pobres. Además de esto, había otros impuestos de vez en cuando, como un impuesto del tercio de un siclo que más tarde debían pagar por los materiales utilizados en las ofrendas del templo (Neh. 10:32-33). En resumen, el pueblo de Dios estaba obligado a dar como mínimo el 25 % cada año

Dar por Gracia

Podrías pensar que el 25 % era ciertamente el límite. Pero en este punto es donde entra en escena el «dar por gracia» o las ofrendas no exigidas. Para empezar, estaban las ofrendas de las primicias, en las cuales un israelita, por amor a Dios, traía los primeros frutos de su cosecha o de su ganado a Dios (Núm. 18:11-13). Lo notable de esto era que lo hacía antes de cosechar el resto del cultivo, y sin saber cuál sería la cosecha final. Daba lo mejor a Dios, confiando en que Él aportaría el resto. Daban basándose en la fe y de forma totalmente voluntaria, de corazón.

También estaban las ofrendas voluntarias, que Dios pidió cuando le mandó a Moisés que construyera el Tabernáculo: «Ordénales a los israelitas que me traigan una ofrenda. La deben presentar todos los que sientan deseos de traérmela» (Éx. 25:1-2). Tan solo se especificaba que fuera voluntaria y de corazón. Aquí, la respuesta del pueblo fue tan grande que Moisés tuvo que decirles que dejaran de dar (Éxodo 36:2-7).

Dar con un corazón rebosante de la gracia de Dios, por obligación o de manera voluntaria, siempre ha sido el ideal para Su pueblo, antes y después de la venida de Cristo. Chicos, cuando vuestro corazón rebosa en dar por gracia, una cantidad sustancial de sus ingresos va a Dios.[56]

Dar por gracia en el Nuevo Testamento

Como vimos, el apóstol Pablo comenzó su llamado dando por gracia, al destacar el ejemplo asombroso de los pobres macedonios: «Ahora, hermanos, queremos que se enteren de la gracia que Dios ha dado a las iglesias de Macedonia. En medio de las pruebas más difíciles, su desbordante alegría y su extrema pobreza abundaron en rica generosidad» (2 Co. 8:1-2).

La palabra usada para «su extrema pobreza» es la misma de la que deriva la palabra batisfera, término con el que Jacques Cousteau denominó su buque con el que exploraba las profundidades del océano: «su pobreza hasta el fondo».[57] Los macedonios estaban en lo más profundo; eran extremadamente pobres.

No solo eran extremadamente pobres, sino que estaban también bajo «las pruebas más difíciles» (v. 2). La idea es que las dificultades de la vida los tenían en gran aprieto. La cultura circundante los rechazaba y los presionaba más y más por su devoción a

Cristo. Su situación era imposible: pobreza aplastante y pruebas severas. Pero de esto surgió una gracia increíble, y su extrema pobreza y sus difíciles pruebas se mezclaron con un gozo abundante que «se desbordó en rica generosidad». Era la gracia de dar.

Es asombroso en verdad. Pero si esto desafía la creencia, escucha la descripción adicional de Pablo sobre su generosidad: «Soy testigo de que dieron espontáneamente tanto como podían y aún más de lo que podían, rogándonos con insistencia que les concediéramos el privilegio de tomar parte en esta ayuda para los creyentes» (2 Co. 8:3-4). San Juan Crisóstomo se maravilló de esto, y expresó: «Fueron ellos quienes suplicaron, no Pablo».

Dar por gracia no tiene nada que ver con ser rico o pobre. No lo dicta la capacidad. Es una disposición a dar. Se considera un privilegio. Es algo lleno de entusiasmo y alegría, que ruega por tener la oportunidad de dar más.

¿Qué otra cosa produce dicha generosidad? Pablo da la respuesta: «Incluso hicieron más de lo que esperábamos, pues se entregaron a sí mismos; primeramente, al Señor y después a nosotros, conforme a la voluntad de Dios» (2 Co. 8:5). Su notable generosidad fue el resultado de haberse entregado primero a Dios. Es así de simple: cuando le das todo lo que tienes a Dios, dar a los demás se convierte en el reflejo natural de tu alma.

Es fácil rendirse en parte cuando ya lo hemos dado todo. Así funcionó en la vida de un joven noruego llamado Peter Torjesen, quien a los diecisiete años sintió tan profundamente el desafío de dar a las misiones que abrió su billetera y echó todo su dinero en la ofrenda. Luego, en el último momento, también incluyó un trozo de papel en el que escribió *Og mit liv* («Y mi vida»)[58] ¡Lo adivinaste! El joven Torjesen llevó desde ese momento una vida fructífera como misionero en China.

Los macedonios hicieron las cosas de la manera correcta: primero entregaron sus corazones a Dios; después, se dieron a sus hermanos creyentes, y esto resultó a su vez en ofrendar lo que tenían para la obra de Cristo. Aquí es donde debe comenzar el dar por gracia: entregándonos por completo a Dios (ver Ro. 12:1).

La influencia de dar por gracia

Pablo destacó el ejemplo de la ofrenda de los macedonios para convencer y motivar a la iglesia de Corinto. El apóstol no dejó dudas sobre lo que esperaba que sucediera. Los corintios nunca alcanzarían su plena capacidad hasta aprender la gracia de dar. El hecho espiritual inmutable es que no hay forma de alcanzar la madurez espiritual sin comprometer lo que hemos de dar al Señor. *Dios puede tener nuestro dinero y no tener nuestro corazón, pero no puede tener nuestro corazón sin tener todo nuestro dinero.* Jesús advirtió: «Porque donde esté tu tesoro, allí estará también tu corazón" (Mt. 6:21).

Todo el Nuevo Testamento está lleno de advertencias repetidas, muchas de las cuales proceden directamente de los labios de Jesús mismo. De hecho, Él tuvo más que decir sobre el dinero que sobre el cielo, el infierno, la inmoralidad sexual o la violencia. Después de que el joven rico se apartara entristecido porque Jesús le indicó que vendiera todo, les dijo a Sus discípulos: «Le resulta más fácil a un camello pasar por el ojo de una aguja que a un rico entrar en el reino de Dios» (Mr. 10:25); lo que quería señalar es la imposibilidad de que un hombre que confía en las riquezas entre al cielo. Afortunadamente, agregó una línea final: «Para los hombres [ser salvados, v. 26] es imposible, pero no para Dios; de hecho, para Dios todo es posible» (Mr. 10:27).

En efecto, Jesús presentó de manera sistemática la riqueza como un impedimento espiritual, como por ejemplo al final del Sermón del Monte cuando avisó: «No acumulen para sí tesoros en la tierra, donde la polilla y el óxido destruyen, y donde los ladrones se meten a robar. Más bien acumulen para sí tesoros en el cielo, donde ni la polilla ni el óxido carcomen, ni los ladrones se meten a robar» (Mt. 6:19-20). Un poco más adelante advirtió: «Nadie puede servir a dos señores, pues menospreciará a uno y amará al otro o querrá mucho a uno y despreciará al otro. Ustedes no pueden servir a la vez a Dios y a las riquezas» (Mt. 6:24).

En otra ocasión, Cristo aleccionó a un avaro: «¡Tengan cuidado! Absténganse de toda avaricia; la vida de una persona no depende de la abundancia de sus bienes» (Lc. 12:15). Luego contó la historia del hombre rico que construyó graneros más grandes solo para morir aquella misma noche, y concluyó su parábola con un pronunciamiento solemne: «Así sucede al que acumula riquezas para sí mismo, en vez de ser rico delante de Dios» (Lc. 12:21). Caballeros, aquellos los «ricos delante de Dios» son aquellos que no solo se entregan a sí mismos a Él, sino también sus riquezas, y así acumulan sus tesoros en el cielo. La clave para liberarse del poder del materialismo es la gracia de dar.

El dar por gracia va más allá de limitarse a ofrendar el diezmo; más bien da hasta que duela. El dar por gracia afectará al estilo de vida de un joven. Hay cosas a las que renunciarás cuando te comprometas a dar por gracia. Como escribió C. S. Lewis: «Si nuestras caridades no nos aprietan ni nos dificultan, yo diría que son demasiado pequeñas. Debería haber cosas que quisiéramos hacer y no podamos porque nuestro gasto caritativo las excluye».[59] Los que dan por gracia desarman el poder del dinero. Invitan al corazón de Dios a fluir a través de ellos.

Señores (sobre todo los más jóvenes), es posible que hayan llegado a un punto de estancamiento en su desarrollo espiritual y estén perplejos, preguntándose por qué, ya que asisten a la iglesia con regularidad, disfrutan de la comunión con los cristianos, incluso leen la Biblia y oran a diario. El problema podría ser que no están dando, que Dios sencillamente no tiene esa parte de ustedes. Si es así, lo que necesitan es la gracia de dar: entregar los primeros frutos, lo mejor, a Dios desde el principio, confiando en que Él proveerá el resto; dar de manera voluntaria y gozosa, como lo experimentaron los israelitas cuando Moisés tuvo que decir: «¡Deténganse!»; dar con la gracia de los macedonios, cuya liberalidad desbordante los llevaba a rogar por la oportunidad de dar más.

El Apóstol ha dejado su idea establecida con toda claridad, pero lo corona con la ilustración suprema: «Ya conocen la gracia de nuestro Señor Jesucristo, quien era rico y por causa de ustedes se hizo pobre, para que mediante su pobreza ustedes llegaran a ser ricos» (2 Co. 8:9). Aunque Jesús podría señalar cada estrella con el dedo, se despojó de Sí mismo y se convirtió en un humilde siervo terrenal por nosotros. Ese es el programa de «mayordomía» del cielo, y es el modelo para nosotros. Pablo no obligó a los corintios a dar por miedo o mediante algún truco financiero, sino que fue el ejemplo máximo de dar, «la gracia de nuestro Señor Jesucristo», lo que produjo la gracia de ofrendar en sus vidas.

La disciplina de dar

Chicos, tenemos que entender que la gracia de Dios en nuestras vidas exije disciplina. Por ello, el gran Apóstol de la gracia exhorta: «Ejercítate en la devoción» (1 Ti. 4:7). Y en este asunto de la gracia de dar, también debe existir la disciplina de dar.

La disciplina mental

Antes de cualquier disciplina externa respecto a dar, debe haber un entendimiento disciplinado del acto de dar. Primero, debes tener presente que no se trata de una obra meritoria que, de alguna manera, mejorará tu posición ante Dios. Del mismo modo, dar no te hará mejor que otros cristianos.

En segundo lugar, necesitas entender que aunque dar no gana el favor de Dios, ¡sí trae bendición! Jesús enseñó: «Den y se les dará: se les echará en el regazo una medida llena, apretada, sacudida y desbordante. Porque con la medida con que midan a otros, se les medirá a ustedes» (Lc. 6:38). Y así, Pablo escribiría: «Recuerden esto: El que siembra escasamente cosechará, y el que siembra en abundancia, en abundancia cosechará» (2 Co. 9:6).

Es cierto que estas bendiciones son esencialmente espirituales. Pero, ¿qué preferirías tener, una bendición espiritual o una cuenta bancaria más grande, contentamiento interior o una nueva Ducati? (¡No respondas a eso!)

Tercero, debes tener en cuenta que la ofrenda que complace a Dios es generosa y sacrificial. Como hemos visto, los macedonios dieron desde su profunda pobreza. ¡Jesús ama esto! Como en el caso de la viuda pobre que ofrendó todo lo que tenía, apenas una fracción de un centavo, él comentó: «Les aseguro que esta viuda pobre ha echado en el tesoro más que todos los demás» (Mr. 12:43).

Cuarto, debes entender que lo que das tiene que ser determinado entre tú y Dios. La donación nunca debe decidirse de manera casual o improvisada, sino a través de una oración seria, preguntándole a Dios lo que Él quiere que des.

La disciplina voluntaria

Con las disciplinas mentales de dar firmemente en mente, el camino está listo para el acto de dar. Para empezar, el acto de dar debe ir acompañado de ofrecerse uno mismo al Señor, como lo hicieron los macedonios que «se entregaron a sí mismo primeramente» (2 Co. 8:5). Esto debe hacerse en silencio, no para que alguien vea tu acto piadoso de adoración. Y ofrecerte a Dios es, de hecho, adoración (Ro. 12:1).

Segundo, recomendamos enfáticamente, a la luz de los grandes requisitos de dar impuestos al antiguo pueblo de Dios, Israel, que todo cristiano serio debería considerar al menos el 10 % como punto de partida a la hora de dar, como un mínimo. Al considerar la cantidad, recuerda que en el caso de los macedonios que dieron por gracia, la cantidad debió haber sido mucho más del 10 %, ¡porque la décima parte de su «extrema pobreza» habría sido casi nada!

Tercero, lo que das debe tener una regularidad. Pablo aconsejó a esta misma iglesia de Corinto en otra ocasión: «El primer día de la semana, cada uno de ustedes aparte y guarde algún dinero conforme a sus ingresos, para que no se tengan que hacer colectas cuando yo vaya» (1 Co. 16:2). El Apóstol sabía que dar de manera regular y sistemática ayudaría a la gente a cumplir con sus obligaciones regulares y a afrontar la mayoría de las emergencias.

Cuarto, debes empezar a dar ahora. La tendencia natural es posponer el ofrendar hasta sentirse capaz de hacerlo. Este tipo de pensamiento les impide a muchos dar. Un predicador fue a ver a un granjero y le preguntó:

«Si tuvieras $200, ¿le darías $100 al Señor?».
«Sí, lo haría».

> «Si tuvieras dos vacas, ¿le darías una de ellas al Señor?».
> «Claro».
> «Si tuvieras dos cerdos, ¿le darías uno de ellos al Señor?».
> El granjero respondió: «¡Eso no es justo! Tú sabes que tengo dos cerdos».[60]

Dar no solo debe ser algo regular, sino también sensible a la necesidad y generoso como en el caso de los macedonios y María de Betania, quien al ungir a Jesús derramó sus recursos con tanta generosidad.

Finalmente, debes dar con alegría: «Porque Dios ama al que da con alegría» (2 Co. 9:7). El acto de dar es un estado bendito. Es bueno recordar que nuestro Señor Jesús mismo afirmó: «Hay más dicha en dar que en recibir» (Hech 20:35). Caballeros, ¡seamos fieles y disciplinados al entregarnos a nosotros mismos y todo lo que tenemos a Dios!

Alimento para el pensamiento

¿Qué significa para ti la frase «dar por gracia»? ¿Qué tiene que ver la gracia con el dar? Cuando das a la iglesia o a varios ministerios cristianos, ¿lo haces generalmente por obligación o por voluntad?

¿Cuánto de tus ingresos crees que Dios quiere que le des? Apoya tu respuesta con la Escritura, luego pregúntale a Dios en oración si está de acuerdo.

¿Qué te dice Malaquías 3:8 en adelante sobre dar a Dios? ¿Generalmente obedeces o desobedeces este pasaje?

¿Debemos dar solo cuando tenemos algo de sobra, por así decirlo, en tiempos cuando Dios nos ha «bendecido»? Ver 2 Corintios 8:1-2.

¿Qué significa Mateo 6:19-21, 24 para tu vida? ¿Cuáles son algunas maneras específicas en que puedes aplicar estos versículos?

¿Qué ejemplo se encuentra en 2 Corintios 8:9? ¿Qué te dice este versículo?

Pregunta/respuesta

¿Qué te ha dicho Dios de manera más específica y poderosa en este capítulo? ¡Habla con Él sobre ello ahora mismo!

14

LA DISCIPLINA DEL TESTIMONIO

En el otoño de 1988, yo (Carey) era estudiante de segundo año en una pequeña universidad bíblica del Sur. Como muchos de los aspirantes a predicadores y misioneros, no solo quería aprender sobre el ministerio, sino también salir y llevarlo a cabo. Así que, alrededor de un mes después del comienzo del primer semestre, algunos de los chicos de mi piso y yo decidimos que sería una gran idea ir a la mezquita local e intentar participar en un poco de evangelización conversacional. Con gran entusiasmo recorrimos el pasillo de los dormitorios en busca de reclutas, y retando a cada uno de los chicos a acompañarnos y poner en práctica su conocimiento teórico. La mayoría de ellos estaban emocionados por venir (cualquier cosa con tal de evitar estudiar, y esto era una excusa espiritual). Pero a un estudiante (al que llamaremos Bob) le horrorizó nuestra idea. Y comenzó a argumentar con vehemencia que no debíamos embarcarnos en esta empresa evangelística.

Bob aludió que al ir a la mezquita nos estaríamos internando en territorio enemigo y arriesgaríamos nuestra piedad. Argumentó que si interactuábamos con musulmanes en sus dominios nos estaríamos exponiendo a mentiras y enseñanzas falsas que podrían corromper nuestras almas. Bob indicó que no debíamos subestimar lo peligrosas que eran sus ideas y sus palabras, y que eran las armas mismas del Diablo. Además, sería espiritualmente irresponsable por nuestra parte ponernos en peligro. Comencé a debatir con Bob. Discutimos durante varios minutos y el tono se fue alzando y nos fuimos acalorando. De modo que para aligerar un poco el ambiente, sugerí como a modo de compromiso, que colocáramos un megáfono en la parte superior de un auto y pasáramos lentamente frente a la mezquita, al estilo de los *Blues Brothers*, haciendo sonar un mensaje grabado del evangelio (con las ventanas y las puertas cerradas, por supuesto). Las risas de los chicos rompieron la tensión. Pero entonces, para mi total sorpresa, Bob añadió: «Es una gran idea... ¡podemos usar mi camioneta!».

Ahora podemos reírnos un poco del pensamiento extremo de Bob, pero cuento esta historia porque creo que su reacción demuestra una tendencia común en todos nosotros cuando se trata de pensar en la piedad. Suponemos (casi como en modo predeterminado) que la verdadera piedad se fomenta mejor en nuestras vidas a través de una especie de desapego monástico del mundo. No lo verbalizamos necesariamente, pero así es como operamos. Vivimos y respiramos actividades de la iglesia y nos rodeamos de una subcultura cristiana hasta el punto de que incluso las cafeterías donde pasamos el rato y los conciertos de rock a los que asistimos están llenos de cristianos.

Lo reconocemos, hay algo de verdad en el pensamiento de Bob. Ciertamente queremos huir de la mundanalidad, y la iglesia es algo muy bueno. Pero la simple verdad es: ¡Dios no se escondió del mundo! ¡No se retiró! De hecho, Dios vino de forma intencionada al mundo para salvarlo. ¡Envió a su único Hijo al mundo para buscar y salvar a los perdidos! Y, después, Jesús envió a Sus discípulos al mundo de la misma manera: «Como el Padre me envió a mí, así yo los envío a ustedes» (Juan 20:21).

Así que, ser como Dios, ser piadoso en su esencia más profunda, es ser un hombre que va al mundo (incluso con riesgo y sacrificio personal) proclamando el evangelio para la salvación del mundo.

¡Es lo que hizo Dios, lo que hizo Jesús, lo que hicieron Sus discípulos y eso es lo que estamos llamados a hacer!

El testimonio del evangelio está en el corazón de la piedad auténtica. ¡Es la identidad de Dios! ¡Es lo que Dios hace!

Ahora bien, si esta verdad se apodera realmente de nosotros, significará un cambio radical en nuestro pensamiento y en nuestra vida cristiana. La evangelización no será opcional ni solo para aquellos que tienen el don. El testimonio ya no será algo que tan solo «se produce» si se presenta la oportunidad. Haremos más que esperar que la gente note la diferencia en nuestras vidas y se sienta mágicamente atraída a Jesús.

¡No! Si de verdad lo entendemos, nos esforzaremos y trabajaremos en el testimonio. Atestiguar del evangelio se convertirá en una disciplina en nuestras vidas, una disciplina de nuestra piedad. De hecho, debe convertirse en una de las disciplinas centrales de nuestra vida cristiana diaria.

Entonces, ¿cómo se ve esto? ¿En qué debemos trabajar en nuestras vidas para ser mejores testigos del evangelio en este mundo? Permíteme sugerir dos cosas.

Intencionalidad relacional

Las amistades

La primera y más sencilla disciplina del testimonio es ser intencionales respecto a nuestros círculos relacionales, con quién pasamos el tiempo. Para la mayoría de nosotros (aparte del círculo íntimo de unos pocos amigos cercanos), nuestros círculos sociales se producen a través de la escuela, el trabajo y la iglesia. Y no prestamos mucha atención a lo que está ocurriendo; nos limitamos a aceptar nuestro círculo de conocidos a medida que se va desarrollando. Pero para ser un testigo eficaz del evangelio, esto debe cambiar.

Jesús no dejó que Sus círculos relacionales simplemente sucedieran. No solo seleccionó con cuidado a quienes formaron Su círculo íntimo (los discípulos), sino que también buscó de manera estratégica relacionarse con inconversos al entrar en sus situaciones sociales y pasar tiempo con ellos. Buscó a los «enfermos espirituales» (pecadores y recaudadores de impuestos) para llevarles las buenas nuevas. Jesús estaba en constante movimiento para escapar de las multitudes que solo querían que les llenara el estómago o sanara sus cuerpos, para poder proclamar el evangelio a aquellos que tuvieran oídos para oír. El apóstol Pablo hizo lo mismo. Sus viajes de ciudad en ciudad y sus frecuentes visitas a sinagogas y ayuntamientos no eran por turismo; tenían el propósito de crear oportunidades relacionales para proclamar el evangelio a más incrédulos.

Por supuesto, la mayoría de nosotros no estamos llamados a ser evangelistas itinerantes. Pero todos deberíamos ser intencionales en cuanto a proclamar el evangelio en los círculos sociales y relacionales donde nos movemos. Para algunos de ustedes, esto debe comenzar simplemente buscando conocer a algunos no creyentes. A menudo escucho afirmar a jóvenes de mi iglesia, en especial a aquellos que asisten a escuelas cristianas, que en realidad no conocen a nadie que no sea cristiano, y lo dicen sin ninguna vergüenza. ¡Esto es del todo inaceptable! Tenemos la obligación de conocer y buscar a los inconversos. Que no formen parte natural de tus círculos sociales no es excusa. Debemos buscarlos y ser intencionales en las relaciones que ya tenemos con ellos.

Ahora bien, dependiendo de nuestras circunstancias, puede que tengamos que ser un poco creativos para que esto suceda. Mi padre fue pastor de una iglesia de casi tres mil personas durante veintisiete años. Esto lo situó en el epicentro de capas y capas de círculos cristianos. Difícilmente podía ver a los paganos en la distancia, y mucho menos pasar tiempo con ellos. Podría haberse excusado: «Bueno, el Señor me puso aquí. Supongo que equipar a los santos es mi tarea y la evangelización es para otros», ¡y nadie lo habría culpado por ello! Pero no lo hizo. Por el contrario, elaboró una lista. En realidad, hizo una lista de cada inconverso con quien tenía contacto: el cartero, los vecinos de enfrente, su hermano, su barbero, la señora del puesto de café. Luego oraba por los que estaban en su lista y trabajaba para fomentar esas relaciones, involucrándolos en conversaciones sobre sus vidas e invitándolos a eventos familiares o de la iglesia. Iba al mismo barbero cada mes y trataba de no perder nunca su cita. Esto le permitió desarrollar un diálogo constante del evangelio con aquel hombre, que continuó durante años. (¡Y también le proporcionó un cabello siempre perfecto!)

En mi propia vida, he elegido ser entrenador de fútbol de la liga recreativa de niños durante los últimos diez años. Me cansé de entrenar alrededor del tercer año, pero sigo haciéndolo por el contacto que me brinda con familias fuera de mis círculos habituales de la iglesia. Aunque debo decir que ser segundo entrenador, no entrenador principal, es la posición ideal, porque te permite charlar con los padres en la línea lateral, ¡sin que te culpen cuando pierdes!

Si estás tan «metido» en la escena social cristiana que estás completamente «fuera» del mundo no creyente, te estás perdiendo un componente clave de la verdadera piedad. La triste verdad es que nunca serás un testigo eficaz, ¡y es necesario que haya cambios en tu vida! Quizás sea el momento de dejar el Equipo de Fútbol de Todos los Santos Unidos Evangélicos y disolver tu club de Trekkies para Jesús de los martes por la noche y ¡salir! Sal de tu zona de confort por el bien del evangelio. El apóstol Pablo lo expresó de esta manera cuando desafiaba a los corintios sobre cómo usar su libertad en Cristo para el testimonio evangelístico: «Entre los débiles me hice débil, a fin de ganar a los débiles. Me hice todo para todos, a fin de salvar a algunos por todos los medios posibles» (1 Co. 9:22).

Las conversaciones

En este punto, podrías estar diciendo: «Oye, tengo muchos amigos no cristianos (tal vez incluso demasiados)». ¡Genial! Pero aquí está la pregunta para ti: ¿Cuán intencional eres en esas relaciones cuando se trata de un verdadero testimonio del evangelio?

Y no me refiero a «testimonio» en el sentido de ser un ejemplo de conducta moral. Eso solo confirmará que eres un mormón, un católico, un cristiano, o musulmán serio, o un mojigato. (Soy padre de ocho, así que siempre piensan que soy mormón). Por «testimonio» me refiero a ¿de qué hablas con ellos? ¿Has sido intencional en guiar tus conversaciones hacia las «cosas de Dios» e incluso a Jesús? Nuestra intencionalidad evangelística debe progresar desde hacer contacto y establecer relaciones hasta mantener conversaciones del evangelio, o estaremos perdiendo el tiempo.

Por supuesto, las excelentes conversaciones sobre el evangelio no suelen salir de la nada. No es probable que tu amigo inicie un diálogo sobre el evangelio, como si estuvieras sentado en tu apartamento (o en el sótano de tus padres) con tu amigo pagano *gamer* en medio de una noche completa de Modern Warfare II, y de repente él dte espete: «Oye, tío, ¿qué crees que pasaría si muriera repentinamente esta noche y me encontrara ante Dios?», o «Amigo, ¿realmente crees en eso de Jesús? ¡Y deja de acaparar los Doritos!».

La verdad es que guiar una conversación hacia cosas espirituales no es fácil. Requiere planificación, persistencia y valentía. Solo empezar ya puede resultar difícil. Uno de los mejores consejos que conozco para iniciar conversaciones sobre el evangelio es este: estar listo para dar respuestas «espiritualmente orientadas» a preguntas comunes y abiertas.

Por ejemplo, cuando tu amigo te hace una pregunta común del estilo «¿Qué hiciste este fin de semana?». A todos nos formulan esa interrogante todo el tiempo y, por lo general, solemos contestar por costumbre con un «No mucho» o un «Dormí hasta tarde». Pero piensa en la oportunidad que ofrece esa pregunta para una respuesta «orientada» como, «En realidad, escuché un sermón increíble en la iglesia que realmente me hizo reflexionar». Chicos, si están preparados con una respuesta así, sus posibilidades de entrar en una buena conversación en lugar de la misma tontería de siempre aumentan de manera significativa.

Otro buen ejemplo nos llega del pastor C. J. Mahaney. Con bastante frecuencia, cuando la gente le pregunta «¿Cómo estás?», él responde «¡Mejor de lo que merezco!». Un amigo mío adoptó esa respuesta y la utilizó al saludar a una señora con la que se encontraba todos los días en el trabajo, y eso llevó a una conversación sobre el evangelio. Ella no podía creer que él se considerara una persona merecedora de juicio, ¡y exigió saber por qué!

Ahora bien, es evidente que las contestaciones espiritualmente orientadas no siempre funcionan. Como respuesta, puedes obtener a cambio una mirada en blanco o esa expresión de ceja levantada que a menudo recibo de mis hijos, y que da a entender: «Eres tan aburrido». Una forma mucho más segura de iniciar un diálogo sobre el evangelio es tomando la iniciativa en la conversación con algunas preguntas hábiles. Un colega mío es un maestro en esto. Puede conocer a un completo desconocido después del culto y, en unos pocos minutos, tenerlo genuinamente involucrado en una conversación espiritual. Una vez le pregunté cómo lo hacía, pensando que aquello le salía de forma natural. Pero para mi sorpresa, me explicó que en realidad tenía una serie de preguntas preplaneadas. Indicó que cada pregunta estaba diseñada para aumentar la intensidad de la conversación sin detenerla. Intrigado, le pedí que me las escribiera, y lo hizo en forma de un cuadro de cambios de marcha, que ahora usamos para entrenar a nuestros internos de la iglesia en evangelismo conversacional. (Ver www.GodlyYoungMan.org, disponible solo en inglés). Cuando lo revises, verás que las preguntas no son nada especial, pero sí son intencionales y llevan el flujo de un modo natural hacia la conversación sobre el evangelio.

Estas técnicas son útiles, pero la verdad es que la mejor manera de tener una buena conversación sobre el evangelio es la extensa. Es el resultado de muchas conversaciones previas sobre cosas que realmente importan, conversaciones en las que te has tomado el tiempo de conocer a una persona y escucharla, para que esa persona sepa que de verdad te importa. Si te acercas así a tus amigos no cristianos, entrando en su mundo y en sus vidas, hay una buena probabilidad de que ellos sean quienes inicien la conversación sobre el evangelio. Pero recuerda, ya sea a través de la «técnica» o del «tiempo dedicado», ¡la intencionalidad es necesaria o nunca se producirá!

La claridad del evangelio

Hace unos años vi una caricatura de *Far Side* que mostraba a Robin Hood frente a un grupo de puercoespines, que sostenían el botín en una bolsa y el pie de foto decía: *Hasta que la carrera de*

Robin Hood no se definió con mayor claridad, se pasó años robando a los ricos para darles a los puercoespines. Como ocurre con todo el humor de Gary Larson, me reí, no solo porque es extraño, sino también porque el punto es incómodamente obvio. Aquí, la idea es que la claridad importa. Sin ella, el trabajo duro y las buenas intenciones pueden no llegar a nada, y habrás desperdiciado tu tiempo. La claridad es crucial cuando se trata de la tarea del testimonio del evangelio.

Supongamos que has estado dedicando tus esfuerzos y tu amor intencionados a la vida de un amigo inconverso en particular durante años. Has trabajado arduamente en guiar tus conversaciones hacia cosas espirituales, y el progreso ha sido mínimo y gradual. Pero hace poco, tu amigo, por algunas circunstancias difíciles y humillantes que han llegado a su vida, de repente te espeta: «Está bien, cuéntame de qué se trata todo esto del cristianismo». ¿Qué le contestarías? ¿Podrías explicar el evangelio con claridad en ese momento?

No te estoy preguntando si conoces el evangelio porque, si eres creyente, asumo que esto es así. La pregunta es si estás listo para explicarlo claramente. Sé cómo patear un balón de fútbol del modo correcto, porque lo he estado haciendo desde que tenía cuatro años. Pero al ser entrenador he aprendido que transmitir ese conocimiento no es fácil. He dedicado horas a pensar en cómo explicar una patada simple, que es tan natural y obvia para mí. He aprendido a desglosarlo en un proceso de cuatro pasos para comunicarlo con claridad. Así ocurre con el evangelio: lo sabemos por instinto, pero articularlo claramente es otra cosa.

Hace poco, en una entrevista se le pidió a un famoso artista cristiano que explicara su entendimiento del evangelio. Y esta fue su respuesta:

> Qué gran pregunta. Supongo que probablemente… mi instinto me lleva a decir que trata de Jesús, quien vino, vivió, murió y resucitó, y que inauguró el ya, pero todavía no, de todas las cosas que van siendo restauradas a sí mismo… y todo sucede

> por medio de él mismo… la corrección de todas las cosas… ese proceso, que a la vez empieza y es una realidad en la vida y en los corazones de los creyentes, y además un día que llegará cuando todo se efectuará con la máxima plenitud. Pero las buenas nuevas, el evangelio, hablar de las buenas nuevas, a mi entender son las noticias; yo diría que son las noticias de la venida de su reino, la inauguración de la venida de su reino… ese es mi instinto.[61]

Realmente aprecio su respuesta porque es auténtica. En ella podemos percibir que es un creyente que ama a Jesús, que lee su Biblia, que está educado teológicamente, que disfruta hablar de su fe y que tiene ideas valiosas que compartir. Sin embargo, lo que resalta es que, aunque sin duda comprende el evangelio, le falta habilidad para explicarlo con claridad. Para un inconverso, es probable que su explicación resulte confusa.

El problema radica en que su explicación surgió «por instinto» y no por práctica. Esta es la realidad: si crees que cuando por fin llegue el momento y tu amigo esté listo para escuchar, el evangelio fluirá con naturalidad y facilidad de tus labios porque, después de todo, has sido cristiano durante años, ¡te equivocas! Es probable que salga de tu boca como un desorden confuso y no logre comunicarse de manera efectiva. Para ser testigos eficaces, debemos trabajar en la claridad a la hora de presentar el evangelio. Debemos esforzarnos en tomar lo que entendemos en nuestra mente y corazón y expresarlo claramente y de manera comprensible.

Aunque esta respuesta está llena de conceptos teológicos profundos y es una buena reflexión, carece de claridad y simplicidad, lo que puede dificultar que alguien nuevo en el cristianismo entienda el mensaje central del evangelio. La claridad es esencial al compartir el evangelio, ya que ayuda a evitar confusiones y se asegura de que el mensaje se comunique de manera eficaz.

Si un amigo te pregunta sobre el cristianismo, es importante poder explicar el evangelio de manera clara y concisa. A continuación, una forma de hacerlo:

> El evangelio es la buena noticia de que Dios nos ama y ha hecho un camino para que tengamos una relación con Él. A pesar de nuestros pecados y fallos, Dios envió a su Hijo, Jesús, para vivir una vida perfecta, morir en la cruz por nuestros pecados y resucitar al tercer día, venciendo la muerte. Si ponemos nuestra fe en Jesús y lo aceptamos como nuestro Señor y Salvador, se nos perdona y recibimos vida eterna con Dios.

Esta sencilla explicación proporciona una comprensión básica del evangelio, que se puede comprender y recordar con facilidad, abriendo la puerta a conversaciones más profundas y detalladas.

Tres Disciplinas de la claridad

Primero, memoriza algunos versículos que resuman los componentes clave del evangelio, como Romanos 3:23-24; 5:8-9, Efesios 2:8-9 o 1 Corintios 15:1-5. Pero no te limites a aprenderlos de memoria; dedica tiempo a meditar en ellos, observando cómo comunican cada elemento del evangelio (Dios como creador, el pecado del hombre, el juicio de Dios, el sacrificio y resurrección de Jesús, el arrepentimiento y la fe). Si conoces a fondo uno o dos de estos versículos, tendrás un gran comienzo para compartir el evangelio con claridad. En caso de necesidad, podrás citar uno de estos versículos o escribirlo para la persona con quien compartes, y luego usarlo como guía en tu conversación, incluso subrayando las palabras clave mientras las explicas. El contenido de los versículos no serán lo único que mantenga tu conversación en el rumbo correcto, sino que con solo citarlos delante de tu amigo, le estarás brindando la semilla de la poderosa Palabra de Dios, que el Espíritu Santo puede implantar y comenzar a cultivar.

Segundo, crea un mapa del evangelio en tu Biblia. Simplemente toma tu Biblia y un marcador y señala una secuencia de versículos que te guíen a través del evangelio. Luego, en el margen junto a los versículos, toma notas sobre lo que quieres decir, junto con la referencia al siguiente versículo que necesitas. De esta manera, cuando llegue la oportunidad de compartir, lo único que tendrás que recordar es la referencia al primer versículo de tu secuencia. Y si no puedes acordarte de él, simplemente mantenlo marcado en tu Biblia. No soy muy bueno memorizando versículos, así que este fue mi método durante años. Un buen ejemplo del mismo es lo que se conoce como «El Camino Romano». Es fácil porque sigue los versículos de Romanos 3:23; 6:23; 5:8; y 10:9 a través del evangelio. Y hay otros muchos versículos de apoyo excelentes justo allí, en el contexto del libro de Romanos.

Tercero, aprende una presentación del evangelio de memoria. Sí, me refiero a esas presentaciones que a veces ofrecen como curso de evangelismo en la iglesia, aquellas que te podrían parecer «preparadas» y cursis, y vienen con un folleto del evangelio a juego. Has estado evitando estas presentaciones como la peste porque temes tener que evangelizar de puerta en puerta. He tomado algunos de estos cursos sobre presentación del evangelio, y déjame decirte lo que he aprendido de ellos:

- Me ayudan a lidiar con la lógica del evangelio.
- Me hacen memorizar versículos clave del evangelio, y esto es motivo suficiente para tomar el curso.
- Me enseñan frases de transición que me ayudan para no quedarme atascado en una parte del evangelio y no recordar qué viene después.
- A menudo me dan excelentes ilustraciones que me ayudan a explicar conceptos difíciles como la naturaleza del pecado.
- Me mantienen en camino para poder completar todo el mensaje del evangelio… incluso cuando mi amigo sigue preguntando sobre aliens o El Código Da Vinci.
- Llevan al oyente a un punto de decisión.

Y la verdad es que solo suenan preparadas o incómodas si te trabas en ellas porque no las has aprendido bien. Domínalas y el marco se convertirá en parte de cómo piensas naturalmente, de modo que las palabras y las ideas fluirán de tus labios como si fueran tuyas. ¡Casi será como si estuvieras hablando por instinto!

En la actualidad uso una presentación del evangelio creada por unos australianos llamada «Dos Maneras de Vivir». Consiste en una serie de seis cuadros que puedes dibujar mientras hablas. En cada uno de ellos haz figuras simples y escribe versículos que fluyen clara y concisamente a través de la lógica del evangelio. (Ver www.GodlyYoungMan.org, disponible solo en inglés). Este marco ha llegado a convertirse tanto en parte de mi forma de pensar que incluso cuando no estoy dibujando los cuadros, siguen guiando mis conversaciones sobre el evangelio. Hasta he llegado al punto de marcar mentalmente en qué cuadro nos detuvimos cuando la conversación se interrumpe, para poder retomarla más tarde justo donde la dejamos más tarde.

Así que redobla tus esfuerzos y toma una buena clase de presentación del evangelismo. ¡Esfuérzate lo necesario en aras de la claridad del evangelio! En realidad, llamar a las puertas no es tan malo; los trajes y las corbatas a juego son lo que de verdad me afecta.

Alimento para el pensamiento

¿Ha sido el testimonio del evangelio central en la búsqueda de la piedad en tu vida?

¿Por qué sí o por qué no?

¿Eres intencional en tus círculos relacionales, o simplemente suceden?

¿Cuántos no cristianos tienes una relación continuada? Si no muchos, ¿por qué?

¿Cómo puedes ser más intencional en esas relaciones?

Sé sincero; ¿qué porcentaje de tus conversaciones con tus amigos paganos está compuesto por pura tontería inútil?

¿Pierdes buenas oportunidades porque tus hábitos conversacionales son vagos y espiritualmente perezosos?

¿Cuál ha sido tu experiencia al intentar dirigir conversaciones hacia temas espirituales?¿Qué parte del evangelio sientes que te cuesta más explicar claramente? ¿Por qué?

Pregunta/respuesta

¿Qué te ha dicho Dios de manera más específica y poderosa en este capítulo? ¡Háblale a Él al respecto ahora mismo!

15

LA DISCIPLINA DEL MINISTERIO

Para los jóvenes que dicen ser cristianos, existen dos caminos de vida muy diferentes disponibles. Uno es mantener un corazón pequeño. Este es, con mucho, el camino más seguro porque reduce las tristezas de la vida. Si nuestra ambición es esquivar problemas, la fórmula es simple: evitar las relaciones personales, no entregarnos a los demás y asegurarnos de no asumir ideales altos y nobles. Si actuamos así, escaparemos de muchos problemas.

Este enfoque funciona así: cultiva la sordera y nos libraremos de escuchar las discordias de la vida. Cultiva la ceguera y estaremos protegidos de ver la fealdad. Si queremos pasar por la vida con un mínimo de problemas, lo único que tenemos que hacer es llevar vendas en los ojos. Así es como muchas personas, incluso las que afirman ser cristianas, pasan por la vida sin dolor: han cultivado con éxito unos corazones pequeños.

El otro camino es cultivar un corazón servicial. Ábrete a los demás y te volverás susceptible a una gama de aflicciones apenas imaginable para un corazón reducido. Amplía y ennoblece tus ideales y tu vulnerabilidad aumentará proporcionalmente.

Hay una frase en el diario de James Gilmour, pionero misionero en Mongolia, escrita al final de su carrera, que habla de este punto: «En forma de convertidos no he visto ningún resultado. No he visto, hasta donde sé, a nadie que quisiera ser cristiano tan siquiera». Palabras dolorosas. Pero la profundidad del dolor de Gilmour apenas se puede percibir hasta leer las primeras palabras de su diario, plasmadas cuando llegó por primera vez a Mongolia: «Varias chozas a la vista. ¿Cuándo podré hablar con la gente? ¡Oh Señor, sugiéreme por el Espíritu cómo debo acercarme a ellos, y a prepararme para enseñar la vida y el amor de Jesucristo...! No he visto, hasta donde sé, a nadie que quiera ser cristiano tan siquiera».[62]

Sus palabras rezuman la sangre de su vida. Naturalmente pensamos, ¡pobre Gilmour! Pero en realidad, la causa radicaba en él mismo, pues tenía un «problema»: un corazón agrandado. Gilmour nunca habría escrito esas líneas tristes de no haber desarrollado un corazón servicial, sencillamente de no haberle importado. Si hubiera escuchado los consejos de sus amigos, se habría quedado en la segura y cómoda Inglaterra en lugar de ir a aquella tierra hostil.

Agranda tu corazón, cultiva tu corazón, disciplínate para el ministerio, y aumentarás tu experiencia de dolor. Este es un axioma espiritual inmutable. Nadie ha cultivado un corazón servicial y ha vivido para contar una vida de facilidad.

Por supuesto, los efectos de estos dos tipos de corazones son drásticamente diferentes. Aunque seguros y protegidos, los corazones pequeños nunca contribuyen con nada. Nadie se beneficia de sus simpatías y sus visiones reducidas. Por otro lado, aunque vulnerables, los corazones que han abrazado las disciplinas del ministerio son también los corazones que poseen más alegría y dejan su huella en el mundo.

Cultiva la sordera y nunca escucharás discordia, pero tampoco oirás los aleluyas del Mesías de Haendel. Cultiva la ceguera y nunca verás la fealdad, pero tampoco verás la belleza de la creación de Dios. O, por usar el lenguaje de nuestra experiencia común, no juegues al béisbol y nunca serás eliminado, pero tampoco batearás un jonrón en la novena entrada con las bases llenas para ganar el juego. No escales una montaña y nunca te golpearás en la ladera del monte, pero tampoco te sentirás exultante en la cima de un pico alpino. Cultiva un corazón pequeño y la vida puede ser una navegación suave, pero nunca sentirás el viento impresionante del Espíritu Santo en tus velas y la emoción de ser usado por Dios. Cultiva un corazón pequeño y nunca serás el heroico Gilmour de Mongolia, y desde luego nunca tendrás el corazón que Dios desea para ti.

Solo tenemos que echar un vistazo a la televisión para recordar que vivimos en una época en la que existe una necesidad urgente de corazones agrandados y compasivos, disciplinados para el ministerio. Algunos de ustedes están experimentando los aterradores movimientos internos que acompañan al agrandamiento de su corazón, y necesitan ser alentados a seguir sus horizontes en expansión. Si es así, el relato bíblico que estamos a punto de considerar, la historia del encuentro de Jesús con la mujer en el pozo es para ustedes porque muestra la disciplina misma del ministerio de Jesús y lo que debemos asumir como seguidores Suyos.

Disciplinado para trabajar

El Evangelio de Juan nos indica que, cuando Jesús completó Su ministerio de bautismo en Judea y decidió regresar a Galilea, sintió la necesidad de pasar por Samaria, lo que lo llevó al antiguo pueblo de Sicar. De manera específica, Juan informa que «allí estaba el pozo de Jacob; Jesús, fatigado del camino, se sentó junto al pozo. Era cerca del mediodía» (Juan 4:6). El mediodía era la hora sexta, la hora de comer. Así que el Señor envió a Sus discípulos al pueblo a comprar víveres mientras él se sentaba cansado junto al pozo para descansar. Las palabras «cansado del camino» parecen indicar que se sentó como un hombre fatigado que se derrumba inmóvil después de un día de trabajo arduo.[63]

Estaba exhausto, y con razón. Un vistazo a los Evangelios revela que apenas tenía tiempo para Sí mismo, a menos que se escapara. Cuando no lo presionaban las multitudes, estaba ministrando a

Sus doce apóstoles o al círculo íntimo de tres o al irreprimible Pedro. Y siempre estaba en el camino polvoriento. En un momento, Él mismo señaló: «Las zorras tienen madrigueras y las aves tienen nidos, respondió Jesús, pero el Hijo del hombre no tiene dónde recostar la cabeza» (Mt. 8:20). No es de extrañar que estuviera más cansado que Sus discípulos, porque cuando la fatiga mental y el agotamiento físico se encuentran, el resultado es un hombre exhausto. Así que Jesús se dejó caer inmóvil.

Fue agradable para Jesús estar solo bajo el cálido sol y sin moverse. Es muy posible que el Señor tuviera los ojos cerrados cuando escuchó pasos que se acercaban y levantó la vista para ver a una mujer samaritana. Le habría sido tan fácil cerrar los ojos soñolientos, y pensar para Sus adentros: «He estado ministrando a miles... ella está sola... solo es una persona. Y necesito relajarme. Si no cuido mi cuerpo, ¿quién lo hará?».

Pero Jesús no actuó así. Nuestro Señor se dirigió a Su corazón en uno de los casos más grandiosos de agresión espiritual jamás registrados. El corazón de Jesús estaba tan comprometido con el cuidado de las almas que reunió fuerzas para ministrar incluso cuando se hallaba al límite de su capacidad física. Las personas que comparten las disciplinas del corazón de Cristo también se acercarán a otros, incluso cuando están exhaustos.

Se ha dicho que el mundo está dirigido por hombres cansados, y es verdad, ya que observamos a diario que las naciones son gobernadas por líderes fatigados, que las guerras las ganan generales exhaustos, y que la paz se ve asegurada por diplomáticos agotados. La razón de esto es que dichos líderes están dispuestos a esforzarse siempre que sea necesario para cumplir con sus deberes.

De la misma manera, el mundo cristiano está ministrado por personas cansadas. Europa del Este está siendo evangelizada por misioneros fatigados que están aprovechando al máximo el fugaz día de oportunidad. Muéstrame un gran grupo de jóvenes y te mostraré a algunas personas cansadas, tanto al frente como detrás del escenario, porque la grandeza depende de un núcleo de personas dispuestas a esforzarse según lo exija la situación. Como jóvenes, deben entender que nunca harán grandes cosas para Dios sin la disposición de extenderse por el bien del evangelio, incluso cuando estén agotados.

El ejemplo de Cristo nos enseña que un corazón servicial debe ser necesariamente un corazón laborioso. El apóstol Pablo tenía un corazón así: «Recordarán, hermanos, nuestros esfuerzos y fatigas para proclamarles el evangelio de Dios y cómo trabajamos día y noche para no serles una carga» (1 Ts. 2:9; cp. 2 Co. 11:27).

El hecho es que cualquiera que haya hecho algo para Dios ha tenido un corazón laborioso, sin excepciones. Se dice que Martín Lutero trabajaba tan arduamente que a menudo caía en la cama sin siquiera tomarse el tiempo de cambiar las sábanas durante todo un año. En una ocasión, la oración de D. L. Moody a la hora de dormir, mientras se dejaba caer en la cama, fue: «Señor, ¡estoy cansado! Amén».

Los corazones grandes, los corazones agrandados que Dios usa, son corazones laboriosos que, aunque cansados, se entregan voluntariamente según sea necesario. Puedes imaginar que tienes un corazón servicial, pero si no estás trabajando para el evangelio en el lugar donde Dios te ha puesto y no te sientes incomodado por tu compromiso, es que te estás engañando a ti mismo. Los corazones serviciales son disciplinados para trabajar, porque se mueven con regularidad más allá de su zona de confort, se ponen en lugares vulnerables, asumen compromisos costosos, se cansan por causa de Cristo, y pagan el precio. Encuentran mares agitados, pero sus velas se llenan con el Espíritu de Dios.

Disciplinados para alcanzar a otros

La conversación de Jesús con la mujer samaritana nos muestra, además, que un corazón disciplinado para ministrar no solo trabaja arduamente, sino que también cruza barreras personales difíciles para llegar a los demás. La historia continúa: «En eso, una mujer de Samaria llegó a sacar agua y Jesús le dijo: Dame un poco de agua. Sus discípulos habían ido al pueblo a comprar comida. Entonces, como los judíos no se relacionaban con los samaritanos, la mujer respondió: ¿Cómo se te ocurre pedirme agua, si tú eres judío y yo soy samaritana?» (Juan 4:7-9). Las diferencias raciales forman algunas de las barreras más desalentadoras de este mundo.

El pastor australiano John Reed cuenta cómo, al principio de su ministerio, estaba conduciendo un autobús que llevaba a una mezcla de chicos aborígenes y chicos blancos en una excursión. Al subir, los blancos se sentaron a un lado y los negros al otro. Y a medida que avanzaba el viaje, intercambiaron comentarios «ingeniosos» con creciente intensidad.

Finalmente, Reed no pudo soportarlo más. Detuvo el autobús y ordenó que todos bajaran. Luego, se paró en la puerta del autobús e hizo que cada chico dijera: «Soy verde» antes de permitirle subir de nuevo. Costó un poco, pero al final el autobús estaba lleno. El pastor se sentía bastante bien por su logro hasta que oyó a alguien en la parte trasera del autobús decir: «Muy bien, compañeros, verde claro de este lado, verde oscuro del otro».

La mujer samaritana estaba asombrada de que Jesús le hablara. Pero para los judíos era una historia aún más asombrosa. El odio entre Judea y Samaria se remontaba a más de cuatrocientos años y se centraba en la pureza racial, porque mientras los judíos habían mantenido su pureza durante el cautiverio babilónico, los samaritanos la habían perdido al casarse con los invasores asirios. Esto, a los ojos de los judíos, era imperdonable. Miraban con disgusto a los samaritanos de sangre mezclada.

Así que, en los días de Jesús, el odio estaba profundamente arraigado. Los rabinos decían: «Que ningún hombre coma el pan de los cutitas [samaritanos], porque quien come su pan es como quien come carne de cerdo». Y la maldición definitiva se expresaba en una terrible oración que concluía, «… y no recuerdes a los cutitas en la resurrección».[64] Así vemos que el acercamiento de Jesús a esta mujer fue una gran violación de las convenciones raciales y religiosas.

A este odio se sumaba el hecho vergonzoso de que la samaritana era una *mujer*. Los rabinos estrictos prohibían a otros rabinos saludar a las mujeres en público. Incluso había fariseos denominados piadosamente «los fariseos magullados y sangrantes» porque cuando veían a una mujer, cerraban los ojos y así se golpeaban contra las paredes y tropezaban con lo que estuviera en su camino sagrado. Sin embargo, Jesús habló con una mujer, una mujer que también era una despreciable samaritana. Y, para añadir mayor ofensa, Jesús pidió de manera escandalosa usar su vaso de beber, quedando así ceremonialmente impuro.[65] El audaz intento de Jesús de alcanzar el alma perdida de la mujer samaritana superó de manera radical las barreras de la época y dejó perplejas a las personas.

En su impresionante gesto, Jesús fue ejemplo de una de las glorias culminantes de la iglesia: que cruza barreras raciales, sociales, económicas o psicológicas. Esto es exactamente lo que hizo la iglesia primitiva cuando judíos y gentiles, ricos y pobres, esclavos y libres, hombres y mujeres se reunían en una misma mesa como una familia en Cristo. Era algo tan radical que el mundo antiguo comenzó a acusar a la iglesia de hechicería. Semejante ruptura de barreras era incomprensible en el mundo de Jesús.

Todos nosotros nos sentimos naturalmente más cómodos cuando estamos alcanzando a otros como nosotros: los semejantes ganan a los semejantes, los estudiantes a los estudiantes, los fontaneros a los fontaneros, los atletas a los atletas, los maestros a los maestros, las estrellas de rock a las estrellas de rock, y los ricos a los ricos. Pero ese no es el ejemplo que dieron Jesús y la iglesia primitiva. Más bien, debemos tener un corazón tan lleno de amor, tan dispuesto a recorrer la milla extra, que alcancemos a cualquiera con quien entremos en contacto, sin importar las barreras.

¿Cómo debemos proceder con esto? Primero, es preciso entender que nunca se actúa a la manera de un «filántropo», sino más bien con una igualdad informada por la Palabra de Dios, comprendiendo que cruzamos las barreras como de pecador a pecador, de igual a igual. Las oportunidades son ilimitadas: estudiantes extranjeros solitarios que anhelan el contacto con alguien que de verdad se preocupe; refugiados inmigrantes que buscan con desesperación encontrar un punto de apoyo en una cultura ajena; las personas siempre presentes en la parte inferior de la escala salarial, aquellos que estacionan y lavan autos, friegan platos, trabajan en surtidores de gasolina y cortan el césped, a quienes la mayoría de las personas prestan la misma atención que a los postes telefónicos a lo largo de la carretera.

No es natural cruzar barreras. Se necesita el corazón sobrenatural de Cristo, un corazón que solo puede venir a través de la oración consciente y la disciplina. Todo creyente está llamado a tener un corazón que se extienda. Hombres, jóvenes, ¿orarán ustedes para tener este corazón? ¿Disciplinarán su corazón para alcanzar a otros? Jesús anhela que su corazón lata al unísono con el Suyo.

Disciplinados en perspectiva

La conversación de Jesús con la mujer junto al pozo sugiere otra cualidad de un corazón ministrador: un corazón disciplinado para ver tu vida, cuando vas pasando de una persona a otra, como una serie de citas concertadas por Dios. Es lo que implica el comentario de Juan sobre Jesús en el versículo 4: «Y le era necesario pasar por Samaria», lo que indica que la voluntad o el plan de Dios estaban involucrados.[66] En realidad, Jesús no tenía por qué cruzar Samaria. Podría haberla circunvalado, pero era consciente de la ordenación soberana de Su vida y de las personas que vinieran en Su dirección. Los corazones ministradores son conscientes de esta dimensión. Saben que no hay accidentes relacionales.

Saber que las personas que se cruzan en nuestro camino son citas divinas es una comprensión que cambia la vida. Se produce una santa sobriedad cuando nos percatamos de que ninguna de nuestras relaciones es con simples mortales, sino que todos (la mujer en el pozo y en la lavandería, el líder religioso y el repartidor de pizza) continuarán eternamente como seres gloriosos o almas perdidas. El corazón ministerial, como el corazón de Jesús, percibe esto y trata a todas las almas en consecuencia.

El brillante ejemplo del corazón ministerial de Jesús al relacionarse con la mujer samaritana ha mostrado para siempre las disciplinas necesarias para una vida de ministerio. Primero, es un corazón *disciplinado para trabajar*. El hombre que tiene este corazón se entrega por Cristo y Su Iglesia. Se deja incomodar voluntariamente. Permite que su zona de confort sea invadida. A veces, trabajará hasta la extenuación.

Segundo, el corazón que ministra es un corazón *disciplinado para alcanzar a otros*. Por el bien del evangelio, supera barreras sociales e incluso arriesga la desaprobación de los demás al hacerlo. Busca con humildad a personas que son bastante diferentes a él.

Tercero, el corazón que Dios usa está *disciplinado en perspectiva*, viendo todas sus relaciones humanas como encuentros ordenados por Dios con seres eternos. Para este corazón, todas las relaciones de la vida palpitan con potencial espiritual y son parte del drama eterno en el que cada cristiano tiene un papel especial que desempeñar.

El corazón que está disciplinado para trabajar, para alcanzar a otros y para ver las relaciones de la vida llenas de potencial divino es, sobre todo, un corazón peligrosamente agrandado. Sus altos ideales y sus simpatías ampliadas lo hacen susceptible a una lista de dolores desconocidos para un corazón pequeño, pero también está abierto a una gama de alegrías que el corazón encogido nunca conocerá. Cultiva un corazón pequeño y la vida puede ser tranquila, pero nunca experimentarás la emoción del viento del Espíritu en tus velas. Caballeros, su vida está por delante de ustedes, y la elección es suya. ¡Disciplinen sus corazones para el ministerio!

Alimento para el pensamiento

¿Tienes un corazón pequeño o un corazón ministrador, como describió el autor? Expresa en tus propias palabras, estos dos corazones.

¿Qué razones podría haber encontrado Jesús, humanamente hablando, para no ministrar a la mujer samaritana (Juan 4)? ¿Por qué se acercó a ella?

¿Qué lección aprendemos de 1 Tesalonicenses 2:9 y 2 Corintios 11:27? ¿Cómo te comparas aquí? ¿Qué barreras o distracciones te frenan?

¿Qué tipos de prejuicios interfieren con el ministerio cristiano efectivo? ¿Qué prejuicios practicas, aunque sea ocasionalmente? ¿Qué ministerios se están abortando por esto? ¿Qué harás al respecto?

Es una realización sagrada saber que «El Señor afirma los pasos del hombre cuando le agrada su modo de vivir» (Sal. 37:23) y que las personas que pasan por nuestro camino son citas divinas. ¿Es así como ves a las muchas personas con las que te cruzas en el trabajo, en el barrio, en la iglesia, en el tráfico de la hora punta, en un restaurante, etc.?

El corazón que está disciplinado para trabajar, para alcanzar a otros, y para ver las relaciones de la vida llenas de potencial divino es, sobre todo, un corazón peligrosamente agrandado. ¿Cuán peligroso es para ti tener un corazón ministrador? ¿Qué podría costarte servir a Dios y alcanzar a otros?

¿En qué ministerios estás involucrado en la actualidad para Cristo? Haz una lista; a continuación, evalúa tu servicio, tanto lo positivo como lo negativo. ¿Qué ministerios sientes que Dios podría querer que dejes? ¿Qué ministerios adicionales podría querer Dios que emprendas? ¿Qué preparación es necesaria para hacerlo?

Pregunta/respuesta

¿Qué te ha dicho Dios de manera más específica y poderosa en este capítulo? ¡Háblale a Él al respecto ahora mismo!

La disciplina

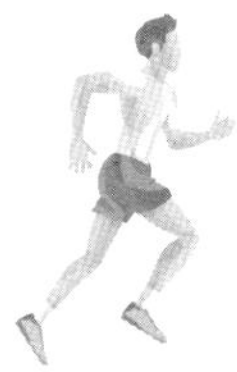

16

LA GRACIA DE LA DISCIPLINA

Como aprendimos en el estudio inicial de este libro, la palabra «disciplina» en «ejercítate [disciplínate] en la devoción» (1 Ti. 4:7) lleva el olor a gimnasio, el sudor de un buen entrenamiento. Es un llamado directo al sudor espiritual.

El rico trasfondo de la palabra «disciplina» sugiere deshacerse conscientemente de todos los pesos y las cargas, y después enfocar de manera disciplinada todas las energías de un hombre. Como los antiguos atletas descartaban todo para competir, así también el hombre cristiano disciplinado debe desechar toda asociación, hábito y tendencia que obstaculice la piedad. Luego, con todas las cargas eliminadas, debe emplear toda su energía en la búsqueda de la piedad.

La figura esbelta del clásico corredor griego ilustra esta idea. Desnudo, ha sudado miles de kilómetros con el fin de correr bien. De igual manera, la vida cristiana exitosa siempre es, sin excepción, una vida disciplinada, sudorosa y despojada de todo.

Comprender que la vigorosa disciplina espiritual es esencial para la piedad concuerda con el entendimiento universal de que la disciplina es necesaria para lograr cualquier cosa en esta vida. El éxito legendario de Mike Singletary, dos veces nombrado mejor jugador defensivo del año de la NFL, da testimonio de su vida notablemente disciplinada, igual que los logros de grandes como David Beckham, Wayne Gretsky y Michael Phelps. La masiva disciplina literaria de Ernest Hemingway transformó la manera como las personas de todo el mundo de habla inglesa usan el lenguaje. Los miles de bocetos de Miguel Ángel, Leonardo da Vinci y Tintoretto, y la disciplina cuantitativa de su trabajo, prepararon el camino hacia la calidad cósmica duradera de esas obras. Winston Churchill, orador del siglo, no era en absoluto un talento natural, a menos que por «natural» entendamos a un hombre disciplinado por naturaleza, que superó sus notables impedimentos mediante mucho trabajo duro y esfuerzo adicional. Ignace Jan Paderewski, el brillante pianista, lo resumió todo cuando le señaló a una admiradora demasiado entusiasta: «Señora, antes de ser un genio, fui esclavo».

Que nunca llegaremos a lugar alguno en la vida sin disciplina, es un hecho perdurable, en especial en los asuntos espirituales. Algunos tienen ventajas atléticas o musicales innatas. Pero ninguno de nosotros puede reclamar una ventaja espiritual innata. Ninguno de nosotros es naturalmente justo; ninguno de nosotros busca a Dios de forma natural ni es reflexivamente bueno. Por lo tanto, como hijos de gracia, nuestra disciplina espiritual lo es todo.

Sin disciplina, ¡no hay discipulado!
Sin quejidos, ¡no hay crecimiento!
Sin sudor, ¡no hay inspiración!
Sin dolor, ¡no hay ganancia!
Sin hombría, ¡no hay madurez!
Sin entrenamiento, ¡no hay triunfo!

Este axioma espiritual ha proporcionado la base de nuestro examen de doce disciplinas esenciales para una vida piadosa: las disciplinas de la pureza, la amistad, la mente, la devoción, la oración, la lengua, el trabajo, la perseverancia, la iglesia, dar, el testimonio y el ministerio. Como poco, ¡es una lista intimidante! Y se vuelve aún más desalentadora porque cada una de las disciplinas se ha presentado de manera intencionalmente prescriptiva con un «haz esto». De hecho, cada uno de los doce encabezados contiene un promedio de siete disciplinas recomendadas, lo que equivale a unos cien «hazlo». ¡Uf!

La respuesta correcta

¿Cómo deberíamos responder? Ciertamente no con la pasividad de «no hacer nada» que se ha vuelto cada vez más característica de los hombres modernos, jóvenes y mayores. Para muchos de ellos, un desafío es una oportunidad para esquivar, para cubrirse bien con la cobija y quedarse en la cama; «hay tanto por hacer que no sé por dónde empezar», es la parálisis del análisis.

Por otro lado, una respuesta igualmente mortal es el legalismo autosuficiente. Hay que reconocer que es menos peligroso que la pasividad. No obstante, hay algunos cuya mentalidad podría fácilmente tomar las doce disciplinas y sus múltiples acciones como una vasta estructura para el legalismo. ¡Oh cuántas posibilidades tenemos para una lista! «¿De modo que te perdiste algunos días de lectura de la Biblia esta semana? ¡Qué vergüenza! Recuerda, cinco páginas al día y la terminas».

Que Dios nos libre de la miseria de un sistema que establece la espiritualidad como una serie de leyes rígidas y luego dice: «Si puedes hacer estas seis, dieciséis o sesenta y seis cosas, serás piadoso». El cristianismo, la piedad, es mucho más que una lista de verificación. Estar «en Cristo» es una relación, y como todas las relaciones, merece un mantenimiento disciplinado, pero nunca el «encapsulamiento» del legalismo.

Que Dios también nos libre del juicio propio y santurrón. ¡Qué fácil resulta que nuestros corazones pecadores imaginen que nuestras listas nos elevan, mientras nos proporcionan a la vez un potro de tortura sin misericordia en el que estiramos a otros en juicio. Como dijimos al principio, hay un universo de diferencia entre las motivaciones subyacentes al legalismo y la disciplina. El legalismo afirma: «Haré esto para ganar mérito con Dios», mientras que la disciplina dice: «Haré esto porque amo a Dios y le quiero agradar». El legalismo está centrado en el hombre; la disciplina está centrada en Dios. Pablo, el mayor antilegalista, exhortó: «¡Disciplínate [entrénate] para ser piadoso!».

Sabiduría para la disciplina

A lo largo de este libro hemos mantenido ante nosotros una imagen personal y mental de los jóvenes de nuestra familia, nuestros hijos y yernos, sentados frente a nosotros a la mesa del salón mientras discutimos las disciplinas de un hombre piadoso. Ahora nos preguntan: «¿Cómo debemos proceder? Dinos cómo disciplinarnos para la piedad sin caer en el legalismo». Nuestra respuesta es mesurada y práctica.

Priorizar

Les indico que yo comenzaría revisando las doce disciplinas y dividiéndolas en listas separadas: una lista de las que estoy efectuando bien y otra lista de los ámbitos en los que necesito ayuda.

Enumeraría las disciplinas en las que necesito ayuda por orden de importancia, por ejemplo: 1) la pureza, 2) la mente, 3) la oración, 4) el testimonio, 5) dar, 6) el trabajo y 7) la amistad. Luego, comenzando por la primera necesidad, la pureza, revisaría las subdisciplinas sugeridas y elegiría entre una y tres cosas que creo que me ayudarían a mejorar. Actuando así, resistiría a la tentación de comprometerme con demasiadas cosas. Es mejor tener éxito en unas pocas que garantizar el fracaso por sobrecargarse. Tal vez, en lo que concierne a la disciplina de la pureza, me comprometería primero a memorizar versículos que ayuden a fortalecerme ante las tentaciones y, segundo, a no ver nada sensual en la televisión o en el cine. En el apartado del testimonio, quizás establecería compromisos para memorizar una presentación clara del evangelio y orar para que Dios me dé a alguien con quien compartir a Cristo. Después de revisar mi lista, tendría unas veinte cosas específicas que podría hacer para mejorar mis siete ámbitos más débiles.

Sé realista

Pero antes de comprometerme, revisaría toda la lista con honestidad y realismo, preguntándome: «¿De verdad están a mi alcance las cosas a las que estoy por comprometerme con la ayuda de Dios?». Respecto a la disciplina de la mente, tal vez me he sentido tan convencido que estoy considerando asumir el compromiso de leer el Antiguo Testamento una vez y el Nuevo Testamento dos veces, además de leer «Guerra y paz» en enero. ¡Piénsalo de nuevo! Como no he estado leyendo mucho, ¿qué tal si me propongo leer el Nuevo Testamento completo en un año y «Conociendo a Dios» de enero a abril? Asegúrate de que tus compromisos te hagan esforzarte, pero también de que, en conjunto, sean manejables. Es mejor aumentar tus compromisos a medida que tienes éxito que abarcar más de lo que puedes hacer. El éxito engendra éxito.

Ora

Antes de fijar tus compromisos de manera definitiva, date una semana para pensar en ellos y orar por ellos. También busca la guía del Espíritu Santo para encontrar otras formas de disciplina personal que no se mencionen en este libro.

Sé responsable

Pídele a un amigo piadoso que te mantenga responsable respecto a tus disciplinas. Asegúrate de reunirte con él regularmente y orar, aunque sea por teléfono si es necesario. Sé sincero sobre tus éxitos y tus fracasos. Y ten disposición a recibir consejos y hacer ajustes.

Si tropiezas

Sin duda tropezarás e incluso fallarás en ocasiones. Cuando esto suceda, el orgullo herido y la vergüenza pueden hacer que quieras recoger tus canicas y volver a casa. No nos gusta hacer cosas en las que fallamos. Pero debemos darnos cuenta de que el fracaso es parte del éxito, siempre y cuando admitamos nuestros errores y volvamos a intentarlo. Recuerda: el objetivo es el progreso, no la perfección. Además, no estamos bajo la ley, sino bajo la gracia.

Dios no guarda nuestros fracasos en nuestra contra, y tampoco acumula tesoros por nuestros éxitos. Simplemente estamos tratando de vivir una vida disciplinada que complazca a nuestro Padre, y Él comprende nuestros fracasos mejor que nosotros mismos.

La gracia de la disciplina

El joven que sabiamente se disciplina para la piedad entiende la necesidad de *priorizar*, de ser *realista*, de la *oración*, de la *rendición de cuentas* y de que el *fracaso* es parte del éxito, pero su mayor sabiduría y motivación provienen de su comprensión de la gracia. Todo en su vida proviene de la gracia de Dios, ¡solo de la gracia!

La salvación misma es solo por gracia. Estábamos muertos en nuestras transgresiones y pecados, cautivos de poderes oscuros, sin capacidad para efectuar nuestra propia salvación más que un cadáver. «Pero Dios, que es rico en misericordia, por su gran amor por nosotros nos dio vida con Cristo, aun cuando estábamos muertos en pecados. ¡Por gracia ustedes han sido salvados!...Por gracia ustedes han sido salvador mediante la fe. Esto no procede de ustedes, sino que es el regalo de Dios y no por obras, para que nadie se jacte (Ef. 2:4, 8-9). Somos salvados por la gracia de Dios, su favor no merecido. Incluso el más mínimo porcentaje de obras desmerece la gracia salvadora, como lo dejó tan claramente establecido Pablo: «Y si es por gracia, ya no es por obras; porque en tal caso la gracia ya no será gracia» (Ro. 11:6). Solo gracia.

La salvación es solo por gracia, y vivir la vida cristiana también es solo por gracia. Santiago hace esta declaración impactante respecto a la experiencia universal del creyente en este mundo: «Pero él nos da más gracia» (Stg. 4:6). No se trata de la gracia salvadora, sino gracia para vivir nuestra vida como debemos en este mundo caído, literalmente «más gracia». Siempre hay «más gracia».[67]

Una vez, un artista presentó una pintura de las Cataratas del Niagara en una exhibición, pero olvidó darle un título. La galería de arte, enfrentada a la necesidad de proporcionarle uno, ideó estas palabras: «Más por venir». Las antiguas Cataratas del Niagara, que derraman miles de millones de litros cada año durante miles de años, han suplido más que de sobra las necesidades de los que están abajo, y son un emblema adecuado de las inundaciones de la gracia de Dios que Él derrama sobre nosotros. ¡Siempre hay más por venir! El apóstol Juan se refirió a esta realidad, con estas palabras: «Porque de su plenitud todos recibimos gracia sobre gracia» (Juan 1:16), literalmente, «gracia en lugar de gracia», o como otros lo han traducido, «gracia detrás de gracia» o «gracia amontonada sobre gracia». «Para la necesidad diaria hay gracia diaria; para la necesidad repentina, gracia repentina; para la necesidad abrumadora, gracia abrumadora», explica John Blanchard.[68] Al abordar las disciplinas de un joven piadoso, debemos recordar que es cuestión de gracia de principio a fin.

Considera con detenimiento las palabras de Pablo: «Pero por la gracia de Dios soy lo que soy y la gracia que él me concedió no se quedó sin fruto. Al contrario, he trabajado con más tesón que todos ellos, aunque no yo, sino la gracia de Dios que está conmigo» (1 Co. 15:10). Ves, no hay contradicción entre la gracia y el trabajo duro. De hecho, ¡la gracia produce sudor espiritual!

Es la gracia de Dios la que nos proporciona energía para vivir las disciplinas de un joven piadoso. Siempre hay más gracia.

Gracia para la pureza, gracia para la amistad.
Gracia para la mente, gracia para la devoción.
Gracia para la oración, gracia para la lengua.
Gracia para el trabajo, gracia para la perseverancia.
Gracia para la iglesia, gracia para dar.
Gracia para dar testimonio, gracia para el ministerio.

Cuando intentamos hacer Su voluntad, Él siempre da más gracia.

Cuando hemos agotado nuestra reserva de resistencia,
Cuando nuestra fuerza ha fallado antes de que el día esté a medio acabar;
Cuando llegamos al final de nuestros recursos acumulados,
Nuestro Padre solo ha comenzado a dar en plenitud.

Su amor no tiene límites, Su gracia no tiene medida,
Su poder no tiene frontera conocida para los hombres;
Porque de Sus riquezas infinitas en Jesús,
Él da, y da, y vuelve a dar.

Annie Johnson Flint

Alimento para el pensamiento

¿Cuáles son algunas de las respuestas que a veces das al desafío de 1 Timoteo 4:7? ¿Qué piensa Dios de esas respuestas?

Revisa las doce disciplinas estudiadas en este libro y luego priorízalas en relación con tu propia vida: las habilidades y los intereses que Dios te ha dado, las oportunidades que tienes, tu nivel de entendimiento y madurez espiritual, y tu disposición para avanzar.

¿Tienes más problemas prometiéndole a Dios o a la iglesia muy poco y siendo un cristiano perezoso, o prometiendo demasiado y siendo incapaz de cumplirlo todo?

¿Cómo te sientes respecto a pedirle a un amigo cristiano cercano que te mantenga responsable? ¿Te anima o te asusta esta idea? ¿Por qué necesitamos ser mutuamente responsables? ¿No es suficiente ser responsable ante Dios?

¿Cómo sueles responder cuando tropiezas espiritualmente? ¿Qué suele causarte caer o desviarte del camino? ¿Qué puedes hacer para permitir que Dios te ayude a no tropezar tan seguido?

¿Qué relación guardan la disciplina y la gracia entre sí? Define cada término. ¿Cuál es la importancia de cada uno para tu vida? ¿Qué aspecto del carácter de Dios te anima y te mantiene en marcha?

Pregunta/respuesta

¿Qué te ha dicho Dios de manera más específica y poderosa en este capítulo? ¡Háblale a Él al respecto ahora mismo!

NOTAS

1 Mike Singletary con Armen Keteyian, *Calling the Shots* (Chicago/Nueva York: Contemporary, 1986), 57.

2 Matthew Sayed, *Bounce Mozart, Federer, Picasso, Beckham and the Science of Success* (Nueva York: HarperCollins, 2010), 62.

3 Ibid., 50.

4 Paul Johnson, *Intellectuals* (Nueva York: Harper & Row, 1988), 68, 169.

5 Leland Ryken, *The Liberated Imagination* (Portland, OR: Multnomah, 1989), 76.

6 *MD*, "Scrivener's Stances", Vol. 13, No. 7 (julio 1969), 245-54.

7 Ryken, *The LIbverated Imagination*, 76.

8 Sayed, *Bounce*, 100.

9 Francis A. Schaeffer, *Letters of Francis Schaeffer*, ed. Lane T. Dennis (Wheaton, IL: Crossway, 1985), 93-94.

10 William Manchester, *The Last Lion: Winston Specer Churchill, Visions of Glory: 1874-1932* (Boston, MA: Little, Brown and Company, 1983), 32-33.

11 Sayed, *Bounce*, 57.

12 Gerhard Kittle, ed., *Theological Dictionary of the New Testament* (Grand Rapids, MI: Eerdmans, 1968), 1:775.

13 Barbara Defoe Whitehead, "The Girls of Gen X," *The American Enterprise*, enero/febrero 1998, 56.

14 Michelle Conlin, "The New Gender Gap," *Business Week*, 26 de mayo, 2003, 14.

15 Dietrich Bonhoeffer, *Temptation* (Londres: SCM Press Ltd., 1961), 33

16 J. Allan Petersen, *The Myth of Greener Grass* (Wheaton, IL: Tyndale, 1983), 29.

17 Ray Menegus. *The Three Creations* (San Diego, CA: Montezuma Publishing, San Diego State University, 2008), 183.

18 Ibid. 188.

19 Charles Malik, *The Two Tasks* (Grand Rapids, MI: Eerdmans, 1980), 32.

20 Harry Blamires, *The Christian Mind* (Ann Arbor, MI: Servant, 1978), 3-4.

21 Harry Blamires, *Recovering the Christian Mind* (Downers Grove, IL: InterVarsity, 1988), 9.

22 Charles Colson, *Who Speaks for God?* (Wheaton, IL: Crossway, 1984), 51.

23 *Television* (Northbrook, IL: Nielson Report, 1986), 6-8.

24 Gearge Barna y William Payl McKay, *Vital Signs* (Wheaton, IL: Crossway, 1984), 51.

25 Neil Postman, "TV's 'Disastrous' Impact on Children", *U.S. News and World Report*, January 19, 1981, 43.

26 Ibid. 44.

27 Douglas Groothuis, "How the Bombarding Images of TV Culture Undermine the Power of Words," *Modern Reformation*, enero/febrero 2001, 33.

28 Bob DeMoss Jr., *TV: The Great Escape* (Wheaton, IL: Crossway, 2001), 41.

29 Michael Medved, *Hollywood vs. America* (New York: HarperCollins, 1992), 179.

30 Pew Research Center for the People & the Press, *Biennial Media Consumption Survey 2000* (Washingron, DC: Pew Research Center for the People and the Press).

31 Kate B. Wilkinson, "May the Mindo f Christ, My Saviour," 1925.

32 Cor. William Waldrop (USAF, ret.), correspondencia personal, febrero 1991.

33 Dennis Prager, "A Civilization That Believes in Nothing," *The Door*, noviembre/diciembre 1990, 15.

34 E. Stanley Jones, *A Songo f Ascents* (Nashville, TN: Abingdon, 1979), 383.

35 Edmund P. Clowney, *CM: Christian Meditation* (Nutley, NJ: Craig, 1978), 13.

36 C. H. Spurgeon, *The Treasury of David* (Londres: Passemore and Alabaster 1884), 1:6.

37 C. S. Lewis, *Letters to Malcolm: Chiefly on Prayer* (Nueva York: Harcourt, Brace & World, 1964), 22.

38 "Personal Narrative," en *Jonathan Edwards*, eds. C. H. Faust and T. H. Johnson (Nueva York: Hill and Wang, 1962), 61, citado en John Piper, *Desiring God* (Portland, OR: Multnomah, 1986), 145.

39 Eugene Peterson, *Working the Angles* (Grand Rapids, MI: Eerdmans, 1989), 35-36.

40 Richard J. Foster, *Celebration of Discipline* (Nueva Yok: Harper & Row, 1978), 106.

41 J. Oswald Sanders, *Spiritual Leadership* (Chicago: Moody, 1978), 83.

42 John Bunyan, Bedford Prison, 1662.

43 Thomas Kelly, *Testamento f Devotion* (Nueva York: Harper & Row, 1941), 3.

44 Elisabeth Elliot, *Notes on Prayer* (Wheaton, IL: Crossway, 1986), 57.

45 J. Sidlow Baxter, correspondencia personal, 8 de septiembre, 1987.

46 *Merriam-Webster's Collegiate Dictionary*, ed. Núm. 110, (Springfield, MA: Merriam-Webster, 1993), 155.

47 http://www.careervision.org/about/pdfs/mr_jobsatisfaction.pdf.

48 James Patterson and Peter Kim, *The Day America Told the Truth* (Nueva York: Prentice Hall, 1991), 155.

49 Ewald M. Plass, *What Luther Says* (Saint Luis, MO: Concordia, 1959), 3:1493.

50 Art Carey, "Beating Agony and the Marathon," *Philadelphia Inquirer*, 12 de abril 1978.

51 Hugh Montefiore, *A Commentary on the Book of Hebrews* (Londres: Adam & Charles Black, 1964), 35.

52 George Barna, *The Frog in the Kettle* (Ventura, CA: Regal, 1991), 133.

53 Primera homilía de San Agustín sobre 1 Juan 1:1–2:11, citado en John Burnaby, *Augustine: Later Works* (Philadelphia: Westminster, 1955), 368.

54 John Newton, "Glorious Things of Thee Are Spoken," 1779.

55 Harry Blamires, *The Christian Mind* (Ann Arbor, MI: Servant, 1963), 153.

56 Ver john F. MacArthur Jr., *Giving God's Way* (Wheaton, IL: Tyndale, 1979), 60-73, donde el autor describe los tres diezmos obligatorios y los dos tipos de ofrenda voluntaria en el Antiguo Testamento.

57 Alfred Plummer, *A Critical and Exegetical Commentary on the Second Epistle of St. Paul to the Corinthians* (Edimburgo: T & T Clark, 1915), 234.

58 Kari Torjesen Malcolm, *We Signed Away Our Lives* (Downers Grove, IL: InterVarsity, 1990), 23.

59 C. S. Lewis, *Mere Christianity* (Nueva York: Macmillan, 1976), 81-82.

60 MacArthur, *Giving God's Way*, 92.

61 Greg Gilbert, *What Is the Golpel?* (Wheaton, IL: Crossway, 2010), 16-17.

62 Clyde E. Fant Jr. Y William M. Pinson Jr., *50 Centuries of Great Preaching* (Waco, TX: Word, 1976) 8:76.

63 R. H. Strachan, *The Fourth Gospel* (Londres: SCM Press, 1943), 148, notas: "Así = "como él era". "¿Qué significa "así"? No sobre el trono, no sobre un cojín, sino simplemente tal como era, sobre el suelo (Crisóstomo)».

64 I. H. Marshall. *The Gospel of Luke* (Grand Rapids, MI: Eerdmans, 1978), 450.

65 Leon Morris, *The Gospel According to John* (Grand Rapids, MI: Eerdmans, 1971), 258.

66 Raymond Brown, *The Gospel According to John I-XII* (Nueva York: Doubleday, 1966), 169, afirma: "Esto no es una necesidad geográfica, porque aunque la ruta principal de Judea a Galilea atravesaba Samaria (Josefo Ant XX. viI; #118), y si Jesús estaba en el valle del Jordán (iii.22) podría haber ido fácilmente al norte cruzando el valle y después subir hasta Galilea por el desfiladero de Bet-Shean, evitando así Samaria. En otro lugar del Evangelio (iii.14), la expresión de necesidad significa que la voluntad o el plan de Dios están involucrados".

67 "Pero él da más gracia", "Pero él da mayor gracia", "Pero él da una gracia mayor", "Sin embargo, él da más y más gracia" (Moffat), ·Pero él permite la mayor gracia" (Berkeley) son como lo traducen otras versiones.

68 John Blanchard, *Truth for Life* (West Sussex, Inglaterra: H. E. Walter Ltd., 1982), 239.